JN220521

自分を
マネジメントする
究極の方法

人生を変えるドラッカー

小説でわかる名著『経営者の条件』

吉田麻子［著］

ダイヤモンド社

小説でわかる名著『経営者の条件』
人生を変えるドラッカー

Copyright © 2016 by Asako Yoshida

Based on THE EFFECTIVE EXECUTIVE
by
Peter F. Drucker

This edition is published by arrangement with
Joan D. Winstein, Trustee, Drucker 1996 Literary Works Trust
through Tuttle-Mori Agency, Inc., Tokyo

小説でわかる名著『経営者の条件』

人生を変えるドラッカー

〔目次〕

第1章 その出会いは、いきなりやって来た 5

夏子、社長からガツンと叱られる 6／柊介、営業数字の未達に悩む 17／徹、念願のカフェ立ち上げのはずが…… 27／偶然に導かれるように 37／読書会で何かが変わるかもしれない 50

第2章 ドラッカーを学び始めたら 65

「成果をあげる人」になりたい！ 66／誰もが「知識労働者」である 74／お客さんのことが、数字にしか見えない 86／「汝の時間を知れ」 91／時間がない！ 99／「どのような貢献ができるか」 107／倒産なんてさせるものか！ 118／みんなでドラッカーを読みませんか？ 125

第3章
実践！実践！実践！ 135
時間を記録してみよう 136／「人の強みを生かす」 147／全員の強みを総動員せよ 152／仕事は人をすり減らすのか？ 163／「最も重要なことに集中せよ」 172／何を捨てる？ 178

第4章
「成果」って何だろう 185
人はどうして働くのか 186／「成果をあげる意思決定」をする 194／強みを生かす姿勢 205／成果は外にある 214／真に意味あることを積み上げよう 223／正しい意思決定をしよう 231／「成果をあげる能力を修得せよ」 246

あとがき 255

［主な登場人物］

青柳夏子……研修会社ポテンシャルの総務課ОL
北原進一……研修会社ポテンシャルの創業社長
杉並柊介……広告代理店フレッシュエージェンシー営業四課の営業マン
陣内光秀……広告代理店フレッシュエージェンシー営業四課のトップ営業マン
堀川徹……カフェプレミアンのオーナー。妻・礼美と娘・アンの三人家族
田山りょう……カフェプレミアンのスタッフ
東堂久志……リザルト学習塾塾長、ドラッカー読書会の主宰者
星はるか……アイドル志望の女子高生。ドラッカー読書会の参加者
峰森重三……老画家。ドラッカー読書会の参加者

第1章

その出会いは、いきなりやって来た

夏子、社長からガツンと叱られる

青柳夏子がドラッカーに出会ったのは、まったくの偶然だった。

その日、夏子はとても強い怒りを感じていた。我慢できないくらい頭に血がのぼっていた。

（もう、無理。社長の発言、絶対に許せない）

一〇年以上勤めた会社を、いま初めて夏子は（辞めたい）と思っていた。

怒りの原因は、昨日の社長との会話だった。

「あれ、夏子。来月の会場、取れてないぞ」

二週間後に迫った研修の会場が確保されていないことが発覚したのだ。

「えっ。先方の自社ビルでやるのかと思っていました。特にご指示がなかったので」

いつもは明るく温和な社長、北原進一の目が険しくなった。

「ご指示がなかった？　お前なあ……。先方さん、いつもと違う環境で研修を受けることにメリットを感じていたって話、この間の会議で言っただろ？　そのぐらい気づいてくれよ。俺がいちいち指図することじゃないだろ。

いったい何年、この仕事やってるんだ？　言われなきゃできないなんて、新入社員じゃあるまいし。頼むから、少しは自分のアタマで考えて行動してくれよ」

ずっと仕えてきたボスからのあまりに無神経な言い方に、夏子は大きなショックを受けた。たしかにその話は記憶にあったが、このところあれこれと忙しく、また特に頼まれたわけでもなかったので、そのままやり過ごしてしまっていた。

夏子が勤めている会社〈ポテンシャル〉は、社長の北原が一代で築いた研修会社で、来年二〇周年を迎える。夏子が大学を卒業し新卒で入社した頃は、まだ所帯も小さく、まさに育ち盛りのベンチャー企業だった。以来、総務課で社長のサポートから庶務まで、雑多な仕事を一手に引き受ける日々を過ごしてきた。

頼まれた仕事は心を込めて仕上げ、社長に「夏子の仕事は丁寧だな。ありがとう」と言われるのが何よりも嬉しかった。

資料をつくれと言われたら、細部まできちんと指示を仰いで期待通りのものにする。大切な来客とあれば、事前に先方の顔ぶれや好みを聞いておき、タイミングよくもてなした。たとえお世辞であっても、「気の利くスタッフがいてうらやましい」「御社のお茶は実に美味しい」と感心されることはよくあった。

これまで社長の指示を一番に思い、少しでも役に立とうと仕事をしてきた。それというのも、道なき道を切り開く北原を心から尊敬していたからだ。だからこそ、長年の間、従順に仕えてきた。

それなのに、あんな言い方をするなんて。しかも、みんなの前で……。

一晩寝ても、まだ怒りが収まらなかった。

今日は土曜日、仕事は休みだ。こんな気持ちで家にいても仕方がない。街をぶらついて気分を晴らそう。


夏子はコートをひっかけて外へ出た。札幌の一〇月は、セーター一枚では少し肌寒い。薄手のコートが必要だ。

バス通りまで出ると、ちょうど札幌駅行きのバスが来るところだった。いつもは地下鉄で移動しているが、何となく今日は、暖房のきいたバスに乗って外を眺めたい気分だった。

(駅前のショッピングセンターをぶらつくのも悪くないな)と、バスに乗り込んだ。

車内を見渡すと、これから結婚披露宴にでも出席するのだろうか、礼服姿の男性二人が並んで座っている。そのひとつ前の座席が、ちょうど空いていた。

早々に腰をおろし、シートに寄りかかってため息をつく。

(ほんとにもう、最悪の社長なんだから……)

頭の中で文句を言っている夏子の耳に、ふと、後ろの二人連れの会話が飛び込んできた。

「ほんとにもう、最悪の社長なんですよ!」

(えっ?)

一瞬、自分の脳内の言葉が声に出てしまったのかと、夏子はびっくりした。

礼服姿の二人は、叔父と甥といったところだろうか。若いほうが年輩の男に、さかんに愚痴《ぐち》をこぼしている。

「うちの社長、超ワンマンなんですよ。人の話なんて、全然聞く気がない。全部自分の思い通りにならなきゃイヤなんだ。もう、うんざり」

夏子は思わず、聞き耳を立ててしまった。

「若手は若手で、すっかりやる気なくしちゃって……。雰囲気悪いし、数字もダダ下がりだし、このままじゃ、うちの会社は沈没しちゃいますよ。どうしたら変わってくれますかね」

年輩のほうが、おもむろに口を開いた。

「そうは言っても、他人を変えるなんてできないだろう。……お前、ドラッカーって、知っているか？」

「ああ、『もしドラ』とかの？　読んだことはないけど、一応、名前ぐらいは」

「そうか、読んでないのか。ドラッカーはこう言っているんだ。『ほかの人間はマネジメントできないが、自分はマネジメントできる』ってね。さっきから人のことばっかり言っているけど、自分はどうだ？　まずは自分が変わってみたらどうだ？」

その言葉を受けた若いほうは、不服がありそうだ。

「そんなの理想論じゃないですか。いっぺんうちの社長を見てから言ってほしいですよ。ほんと子どもみたいなんですから。思いつきで突っ走るし、無神経だし、社員の都合なんてまったく考えてないし。トップが変わってくれない限り、どうしようもないじゃないですか」

思わず夏子は心の中で大きくうなずいた。（そうそう、無神経よね。うちの社長みたい）

「ドラッカーは理想論じゃないんだけどな」。年輩の男が諭すように言う。

「だいたい会社で起きる問題には、共通点があるもんだよ。しょせん人間の集まりなんだから。そんな状況でどう考えるべきか、どう行動すべきか、原則と方法論が書かれているんだ」

「本なんか読んだって、うまくいくとは思えませんね」と若者が憤る。「問題は、社長なんです。社長が変わらないとどうしようもない。よく事情も知らないで、僕が変わればいいなんて言わないでくださいよ！」

年配の男は思わず苦笑した。

「……ほら、お前だって、俺から何か言われたって変わろうという気にならないだろ？社長だって若手だって同じだよ。他人を変えることなんて、誰にもできないんだ」

そう言うと、優しい口調になってこう続けた。

「それでも、自分なら変えられるし、その方法だってある。ドラッカーの言う『自らをマネジメントすることは常に可能である』、だ。何かを成し遂げたいなら、成果をあげたいなら、まずは自分からだ」

（自分なら変えられる？　自分が変わればいい？？）

昨日の憤慨が収まらないままだった夏子の気持ちに、うっすら新しい感情が湧いてきた。

（私、何か、大きな勘違いをしていたかもしれない……）

若者は押し黙ったままだ。年輩の男が続ける。

「これは『経営者の条件』という本のまえがきにある言葉なんだ。お前も時間をつくって読んでみたらいいよ。気持ちが変わるから」

「でも僕、ただのヒラ社員なんですけど。そんなの、社長が読めばいい」。逆切れモードは収まったものの、まだ少しすねているようだ。

「タイトルは『経営者』とあるけど、実際は誰でも読める本だよ。いわゆる〝仕事ができる人〟に共通する、五つの能力について説明してあるんだ。……知りたくないか？　そんなに難しくないぞ」

バスはまもなく札幌駅に着こうとしていた。

ターミナルに入る信号待ちで、気の早い乗客が席を立ち始めた。夏子の後ろの礼服の男たちも立ち上がった。せわしない空気に紛れ、二人の会話は聞こえなくなった。

あてもなく札幌駅に降り立った夏子の心は、ざわめいていた。さきほどの若い男へのアドバイスが、まさに自分に向けられたもののように感じられた。

（私はこれまで、言われたことはちゃんとこなしてきたし、自分では、それなりに仕事ができると思っていた）

（でも、社長が私に期待していることって、本当は何だったんだろう。私、胸を張って成果を出してるって言える？）

知らない人の会話が、こんなに気になるなんて。何だか不思議に思いながらも、足は駅ビルの上階にある大型書店へ向かっていた。（あの本、探してみようかな……）

あれこれ考えながら歩くうちに、北原社長の発言がまたよみがえってきた。

――少しは自分のアタマで考えて行動してくれよ。

感情的には腹が立っていても、長年仕えた敬愛するボスからの言葉であった。素直になってみると、たしかに、仕事に対して受け身だったかもしれない。

（でもやっぱり、あの言われ方は悔しいな）

思わず、涙ぐみそうになった。

自分なりに頑張ってきたつもりだったのに、評価されていなかった。しかもみんなの前で当てつけるように言われて、これまでの努力を全否定されたような気持ちだった。

（あんなふうに言わなくたっていいのに……もう少し評価してくれたっていいのに）

また苦い気持ちがこみあげてきた瞬間、ふと、年輩の男の言葉が思い出された。

――さっきから人のことばっかり言っているけど、自分はどうだ？　まずは自分が変わってみたらどうだ？

書店は、にぎわっていた。

夏子はほっとひと心地ついた。昔から夏子は書店が大好きだった。特にこういう大型書店に来ると、何時間いても飽きない。

気ままに書棚を巡り、目についた小説や絵本を手に取り、パラパラとめくる。のんびりとお気に入りを見つける時間は、かけがえのない至福のひとときだった。
今日の夏子は、いつもと違う。これまであまり行ったことのない、ビジネス書の棚へまっすぐ向かった。

〝マネジメントの父！　P．F．ドラッカー　コーナー〟

先ほどバスの中で聞きかじった「ドラッカー」という人物の著作群が、あっけないほど簡単に見つかった。棚の二段を使って、ずらりと何十冊も並んでいる。
そのうちの一段の大半を、赤いハードカバーのシリーズが占めていた。「ドラッカー名著集」という言葉が背に謳《うた》われている。
シリーズの一冊が、くるりと表紙を見せて陳列されていた。店員さんの手描きのカラフルなPOPがついている。

すべてのビジネスマン必読！　万人のための帝王学！

セルフマネジメント本のロングセラー『経営者の条件』
これであなたも「仕事ができる人」になろう!

バスの中で聞いた、『経営者の条件』である。

(これだ!)夏子は思わず手に取った。

表紙をめくったとたん、まえがきの最初の段落が、目に飛び込んでくる。

> **普通のマネジメントの本は、人をマネジメントする方法について書いている。しかし本書は、成果をあげるために自らをマネジメントする方法について書いた。ほかの人間をマネジメントできるなどということは証明されていない。しかし、自らをマネジメントすることは常に可能である。**
>
> (p.iii)

夏子の中を、何か突風のようなものが吹き抜けた。

バスの中で出会った見ず知らずの紳士から、この本を書いたドラッカーから、直接語りかけられているような気がした。

素直さは、元来、夏子の美点である。

(「自らをマネジメントすることは常に可能である」、って本当?)

(じゃあ、私も〝仕事ができる人〟になって、会社から評価してもらえるようになれる?)

そう思いながらも、一方で、心配がむくむくと頭をもたげてきた。

(でも、ちょっと難しそう。せっかく買っても、読み切れないかもしれない……)

(どうしよう……)

赤い表紙の『経営者の条件』を手に、夏子はドラッカーの棚の前に立ちつくし、大きなため息をつくのだった。

柊介、営業数字の未達に悩む

札幌の広告代理店〈フレッシュエージェンシー〉のオフィスフロアに、昼休みを告げるベルが鳴った。営業四課に所属している杉並柊介《しゅうすけ》は、顧客へのメールの送信ボタンを押すと、慌てたように立ち上がり、携帯電話と財布を手にランチの約束場所へ向かった。

隣のビルにあるいつもの定食屋は、今日もサラリーマンでごった返している。

「柊介、ここ、ここ！」

同じ営業四課で働くトップ営業マン、陣内光秀のよく通る声が奥の席から聞こえた。陣内はランチメニューを片手に、ご機嫌な様子で片眉を上げてみせる。どうやら、午前中のプレゼンは手ごたえ上々だったようだ。

二人は入社して一五年になる。陣内は同期でも群を抜いて成績のいい営業マンで、毎月の目標数字を軽々と達成しているＭＶＰの常連だ。

一昨年、フレッシュエージェンシーは、自社媒体としてフリーペーパー『マチ・フレ』

を創刊。広告営業チームとして新たに営業四課が編成され、部門を問わず人が集められた。柊介は制作部から、陣内は新聞広告を担当する営業二課から異動となった。創刊時のドタバタを共に乗り越え、以来、気の置けない間柄となっている。

割烹着姿の店員が慌ただしく料理を運んできた。トンカツ定食と鍋焼きうどんを熱々のままテーブルに置く。腹ペコの二人は、しばらく無言でがっついた。

おもむろに、柊介が陣内に話しかける。

「どうだった？　午前中」

「派遣会社のTに行ってきたよ。一二月号の見開き二ページ、検討してくれるって。いろいろ話してたら、どうやら年間契約にも興味がありそうだったから、明日また、課長と見積もりを持っていくことになった」

陣内のはつらつとした様子に、柊介は内心複雑だった。柊介の営業成績は、いまひとつ振るわない。同期の笑顔が、いまの自分にはまぶしすぎた。しかし同時に、仲のよい陣内の活躍を嬉しく思う気持ちもある。

「すごいなあ。そんなふうに提案を膨らませられるなんて。僕なんて今月も目標未達なんだよね。午後の会議、ゆううつだよ。お前、よくトンカツとか食えるな」

「わはは、柊介はデリケートだなあ。それでお腹に優しい鍋焼きうどん、ってわけか。あ、鍋で思い出したけど、二月号は鍋特集だってよ」
柊介はうどんを喉につまらせそうになった。

昼食後、陣内は用事があるからとビルの地下街に消え、柊介は重い足取りで会社に戻った。この後、『マチ・フレ』の広告売上について、営業四課の月次会議が開かれる。

柊介がトイレをすませてから会議室へ行くと、すでに陣内が着席していた。会議のメンバーは七人。営業四課課長の嶋、トップ営業マンの陣内、それから柊介。残りの四人は後輩で、男性と女性が二人ずつだ。

今日の嶋課長は、一段と機嫌が悪そうだ。また禁煙しているのだろう、さっきからミント味のタブレットをひっきりなしに噛んでいる。

「で、目標数字にあと二〇〇万足りません、と」

じろりと睨《にら》みを利かせ、タブレットをさらに五、六粒、一気に口に放り込む。

「見込み数字は全部出しきったよな。陣内、もうないのかよ」

「僕はもう、ありませんよ。明日課長とプレゼンに行く派遣会社のT社だって見込みに入れたうえで、あと二〇〇万なんですから」

重苦しい会議だというのに、クリームののったキャラメルラテを涼しい顔でちゅうちゅうと飲んでいる。（定食屋のあとの用事ってこれだったのか）柊介は拍子抜けした。

陣内の営業成績は、以前の営業二課時代から社内でもトップレベルであった。重苦しい会議でも、ＭＶＰ常連者ならではの余裕のオーラを放っている。

「しょうがねえなあ」。嶋課長はイライラしながら、ホワイトボードをペンでコツコツと叩いている。その音を聞くたびに、柊介はちくちくと胃痛を感じるのだった。

「……じゃあ、杉並！」

「はっ！」。急に自分の名前を呼ばれ、武士のような変な応答をしてしまった。

だが笑う者など誰もおらず、会議室にはピリピリとした緊張が立ち込めたままだ。

「杉並は、あと一週間で二〇〇万を埋める商談、どのくらいありそうだ？」

「いや、それが、あの……いろいろ当たってるんですけど、どうもなかなか……」

嶋課長は、しどろもどろになる柊介をじっと見た。そういえば前に誰かが、「嶋課長ってトカゲっぽいよね」と言っていたことがあった。たしかに、その乾いた瞳は獲物を見つけた爬虫類のようだ。

「お前、営業に来てそろそろ二年だよな。いいか杉並、制作と営業は違うんだ。営業は数字なんだよ！　ほどほどの成績でのらりくらりしやがって」

長年制作部にいた柊介にとって、数字を追いかける営業という仕事へ切り替えるのは、そう簡単ではなかった。

以前の自分は、もっと楽しく成果を出せていたと思う。社内メンバーだけでなく、広告プロダクション、ライター、デザイナーといった社外スタッフのクリエイター魂を高め、きめ細かな采配で数々の評価を得てきた。

だが営業に来てからは、どうも成果を出せず、仕事に思い悩む日々だった。

シンと静まり返った会議室に、嶋課長がタブレットを噛む音だけが響いていた。

「まあ、いいや」。嶋はくるりと椅子を回転させて、柊介に背中を向けた。

「他に見込み数字、いまから出せるやついるか」

ここぞとばかり、二〇代女性が手を挙げた。

「特集がらみで、新規開業のネイルサロン、何軒か当たってみてもいいですか」

三〇代女性もすかさず続く。

「わたしも、市内のホテルに再アタックしてみます」

負けじと二〇代男性、三〇代男性がアピールする。

「美容室の新規飛び込みしてきますっ」

「ボクも休眠リスト洗いなおして、一からプッシュしなおしてきますよ」

嶋課長は四人の顔を見渡し、「おう、頼むぞ」と目を細めた。

「やれるだけやってみてくれ。もう一回聞くけど、陣内はどうだ？」

「うーん、奥の手がないこともないんで。このタイミングで使いたくなかったけど、行政を当たってみますかね」。そう言ってキャラメルラテのクリームをすくった。

次は自分の番だということは、柊介もわかっている。しかし、さっきの叱責で頭の中が真っ白になっていた。容赦なく全員の視線が注がれる。

「僕は……、あっ、そうだ！　円山公園駅の近くに、カフェができたんです。そこに新規営業に行ってきます。善は急げで、きょ、今日にでも！」

あてずっぽうで、今朝通勤のとき、たまたま目に入ったカフェのことを言ってみた。

「……頼んだぞ」

嶋課長は片頬を上げてみせた。どうやら微笑んだつもりらしいが、委縮しきっている柊介には恐怖しか感じられなかった。


翌朝の七時半。オフィスには秋の朝日が差し込んでいる。一〇時の始業時間近くまでは誰もいない。静かで集中できるこの時間帯を、柊介は好んでいた。

制作部時代に懇意にしていたカメラマンが渡米すると聞き、これまでのお礼を込めて手紙を書いていた。ふつふつと感謝がこみ上げ、文章にも熱が入る。カリカリと便箋《びんせん》にペンを走らせる音だけが響いていた。

「おはよう！」

突然、朝の静寂が破られた。声の主は、陣内光秀。集中していた柊介は、まったく足音に気づかなかった。

「いやあ、今朝は冷えるね。朝イチでT社にプレゼンだから準備しにきたよ。昨日どうだった？　円山公園のカフェ」

一気にビジネスアワーに突入したような、活気あふれる話し方。柊介も顔を上げ、笑顔で返した。

「それがさ、アポなしで行ったら、オーナー不在だった。出直しだよ」

「そっか。ところでこんな朝っぱらから、何してるの」

「お世話になったカメラマンさんが、うちの仕事をやめて渡米することになってさ……。お礼の手紙を書こうとしたら、止まんなくなっちゃって」

見ると、便箋が何枚にもわたっていた。

「優しいなあ、柊介は。そういえば、昔、俺がお客さんからのクレームで凹んでたときも、なぐさめのメールくれたよね。あれ、名文だったな」

そして陣内は意外なことを言った。

「実はあのメール、プリントアウトして、しばらく手帳に挟んでたんだよ」

柊介の胸が熱くなった。

「えっ、あのメール、持ち歩いてくれてたのか。トップ営業マンにほめられるなんて、素直に嬉しいよ。このところ数字が全然上がらなくて、ずっと落ち込んでいたから……。嶋課長にも怒られっぱなしだし」

陣内はパソコンの電源を入れながら振り返って笑った。

「ああいう丁寧なところは、柊介の長所だよ。逆に俺なんて、トップ営業マンだなんて言われるけどさ。数字を積み上げるのが得意って、人としてどうなんだろうな。会社には評価されるけれど……」

そう言って口をつぐんだ陣内は、柊介が見たことのない表情をしていた。


午前一一時、嶋課長が柊介を会議室へ呼んだ。

「昨日のカフェはどうだった」。手帳に目を落としたまま尋ねる。

「オーナーがご不在で、出直すことになりました。スタッフの方では広告掲載の判断ができないと言われまして。今日にでもアポイント取り直して行ってきます」

「ふうん」、嶋課長は手帳に何か印のようなものを書き込んで、パタンと閉じた。閻魔《えんま》大王が不適合者にバツ印をつけるような速さだった。

柊介の胸中を冷たい木枯らしが吹き抜ける。また怒鳴られるかと、思わず身構えた。

「ところでな、杉並。来年の夏、新しい記事広告を立ち上げることになった。タイトルは、『この人の講座を受けたい！　札幌の素敵なセンセイ』。お前を担当にしようと思う」

意外な展開に、柊介は眼をぱちくりさせたまま固まっている。

「具体的な営業は春からだが、先行してヒアリングを始めてほしいんだよ。よさそうな先生のいる会社を探して、営業先のアタックリストをつくっておいてくれないか」

嶋課長が大きめの仕事を頼むのは珍しい。あるいは、柊介に下準備的なものを任せ、稼げる人には年末の数字を追いかけさせようということか。

あれこれ勘ぐってしまったが、仕事の内容自体は面白そうだ。人が好きな柊介にとっては、楽しく取り組めそうな企画でもある。

「承知しました。何社か当たって経過を報告します」

沈みがちだった柊介の気持ちは、この機会を得て少し上向いた。柊介はいつになくはりきった足取りで会議室を出た。

（先生、か。専門学校とか、カルチャースクールとか、研修会社とかもいいかな……）

席に戻り、さっそくインターネットであれこれ検索してみる。すると、面白そうな研修会社がヒットした。


「働く」って楽しい！

未知数の可能性に満ちた、御社の社員様お一人お一人の潜在能力を、当社オリジナルカリキュラムで専門講師たちが最大限に引き出します！

おかげさまで二〇周年、企業研修なら〈ポテンシャル〉

（へえ、面白そうな会社だな）

柊介はマウスを動かす手をとめた。社長紹介のページには、北原進一という人物のプロフィールと写真が掲載されていた。

北原社長の屈託のない笑顔は、人の可能性を信じて本気でわくわくしている人物に見えた。柊介はこの会社に何か惹かれるものを感じた。

（よし、当たってみよう）

柊介は、ポテンシャルの代表番号に電話をかけた。

徹、念願のカフェ立ち上げのはずが……

札幌の円山公園エリアは、リッチな層が多く居住する地域だ。その円山に住まう人々にふさわしいプレミアムなカフェがまもなく開業する。

〈カフェプレミアン〉のオーナー、堀川徹は大きな段ボール箱を抱えて自宅マンションに戻るところだった。イチョウ並木が黄色く色づいている。学校帰りの小学生たちが、駆け足で追い越していった。

新卒以来勤めていた保険会社を、徹は半年前に退職していた。もうすぐ四〇歳。この機に、念願のカフェを開業したかったのだ。

だが、このご時世に脱サラして起業しようとする徹に、周囲の反応は芳しくなかった。

——そんな好き勝手なことをして。生活はどうするの。アンの学費だってかかるのよ。

徹の母親は、孫のことが気がかりで、安定収入を手放す決断に大反対だった。

——開業するやつはごまんといるけど、この業界、そう甘くないぜ。

飲食店を二店舗経営している知人は心配顔だった。

——大丈夫？　もって一年ってとこじゃない？

保険会社の元同僚は、徹の送別会で酒の肴《さかな》に前途を冷やかした。いや、あれは冷やかしではなく、冷静な意見だったのかもしれない。法人営業部の面々は、一年ともたず消えていく若き起業家を何人も見てきているのだから。

（俺なりのイメージはあるんだ。どうしても挑戦したい）

自分でも、経験不足で危なっかしいところがあることは理解している。それでも、この強い気持ちを抑えることはできなかった。

いよいよ来週から営業開始だ。オープンに向けて、一〇月はてんてこまいだった。しかもお金は出ていく一方だった。

登記の申請に行った。物件を借りた。厨房《ちゅうぼう》の工事をした。什器《じゅうき》を入れた。壁紙を貼り、家具を入れた。開業資金が、ざるから水がもれるように、あっという間に消えていく。早くも想定していた初期投資額をオーバーしていた。

悩みは金銭面だけではない。カフェの開業にこんなにもいろいろな準備が必要だということも、やってみて初めてわかった。

届け出や契約など、毎日が書類の洪水だ。内外装も手間のかかることばかり。美味しいコーヒーをハンドドリップで上手に淹れられるようになるまでに、知人の焙煎所《ばいせん》に通いながらどれだけ練習したことだろう。

軽食は実家の青果店から仕入れた果物と野菜を使って、フルーツパフェと野菜シチューをつくるだけにしているが、それだって何とか形にするまでに、数えきれないほどの試作を繰り返した。

起業する前は、理想のカフェを思い描くだけでわくわくしていたが、走り出してからは不確定要素ばかりで、ため息をつくことが増えていた。

自宅マンションに着くと、玄関のドアを開ける前に、徹は大きく深呼吸をした。家族に不安げな顔を見せるわけにはいかない。

「パパ、おかえり〜」

小学六年生の娘、アンがテレビから振り返って徹を出迎える。

「何か不思議だね。こうして昼間にパパに会うのって」

「そうか?」

「だって残業ばっかりで夜遅かったし、土日もしょっちゅうゴルフに行ってたよね」

ダンスを習っているアンは、バレリーナのようなおだんごヘアを最近好んでしている。今日も上下ピンクの派手なジャージを着て、いまにも踊り出しそうだ。

よく見ると、テレビの画面にはダンスレッスンの映像が映っている。自主練習をしていたのだろう。

「ねえ、パパ。会社やめちゃったの？　それともやめさせられちゃったの？」

娘に真顔でのぞき込まれたので、徹はあわてて説明した。

「もちろん、自分で決めて辞めたんだよ。たくさんの人に喜ばれる、居心地のいいカフェをつくるんだ。そのうちパパ、人気店のオーナーになるぞ～」

「ふうん、やめさせられちゃったんじゃないなら、いいよね」

アンはくるりと徹に背を向けて、またテレビの前でダンスのステップの練習を始めた。

キッチンへ行くと、妻の礼美が夕食の支度を始めているところだった。

「ちょっとだけ、ただいま」

礼美は米を研ぐ手を休めずに、顔だけ振り返って徹を見た。

「アンに夢みたいなことばかり言わないでくれる？」。どうやら少し機嫌が悪そうだ。

「どうしてだよ。夢を持つって大事なことじゃないか」

「少しは現実も見てほしいのよ。来年は中学生だというのに、毎日ダンスばっかり。もっと真面目に勉強しないとついていけなくなるわ。まったく、誰に似たんだか」

徹は資金繰りの愚痴を飲み込んで、「わかったよ」と妻の肩に手を置いた。

「俺、荷物置きに来ただけだから。店に戻るよ。夕飯いらない。遅くなる」

徹は妻の返事を聞かずにそっとキッチンを出て、アンに手を振ると、また寒空の下、出かけて行った。

〈カフェプレミアン〉は、最寄りの円山公園駅から七分ほど歩いたところにある。昭和初期から建つ二階建ての民家の空き物件を、風合いを生かして改修し、カフェの体裁を整えた。

徹が店に戻ると、スタッフの田山りょうがモップで床掃除をしていた。年齢は徹の一回り下だが、なぜか昔から慕ってくれている。単発アルバイトで食いつないでいたりょうに声をかけると、二つ返事で来てくれた。

「ただいま、りょう。荷物届いた？」

「来ましたよ。お待ちかねの」

店の看板がようやく届いたのだ。徹はどきどきしながら頑丈な梱包を解いた。白樺の素材感を生かしたデザインだ。

〝CAFÉ　PREMIUN〟

「うん。いいね」

りょうもうなずく。寡黙だが、心優しい青年だ。

「いよいよだな。よし、ポスティングするチラシの校正、仕上げてしまおう。近所のみなさんに店のオープンを知ってもらわなきゃな」

銀行残高を思い浮かべると胃がキリキリするが、えいやと気合いを入れなおした。

店舗取得費や内外装費、家具や什器や道具類の購入費等のイニシャルコストはもちろん、一年間分の家賃や人件費、仕入れ費、広告宣伝費などのランニングコストを細かく算出して、それに見合う金額を自己資金と信用金庫からの借入で用意した。

それでも、毎月の売上見込みがあってこそのシミュレーションだ。順調に売上をつくっていけるかどうかは、ここからの自分たちの頑張りにかかっている。

徹は階段を上がって二階の奥にあるオフィスへ移動した。オフィスと言っても、二畳もないような机と椅子とパソコンだけのスペースである。

古い民家だったこの物件の裏庭には、白樺の木が立っていた。表通りからは見えないが、二階に上がると、見事な枝ぶりが忽然《こつぜん》と姿をあらわす。窓一面に広がるこの印象的な光景に惚れ込んで、ここに決めたと言っても過言ではない。

窓の反対側の壁には、一面に家具調の本棚をしつらえた。日本文学から海外文学、写真集や詩集、エッセイ、専門書など、本好きの徹が集めた蔵書がずらりと並べられている。ようやく見つけた居心地のいい空間。お客様にも、ぜひくつろいだひとときを過ごしてほしい、ゆっくり読書してほしい――それが徹の願いだった。

徹はパソコンを立ち上げ、チラシの校正を始めた。この店は駐車場がなく、最寄り駅からも少し離れている。まずは、徒歩圏内で来られるような近隣の人たちに、いかに愛されるかがカギを握るはずである。

長年の想いがようやく形になろうとしている。これもひとえに、これまで出会った人々の助言や支えがあってこそだ。感謝の気持ちを込めて、来週のオープン前夜にささやかなレセプションパーティを開くことにしていた。

（パーティのほうも、そろそろ準備しなくちゃな）

あれこれと用事はいっこうに減らない。今日も深夜までかかりそうだ。


レセプションパーティの日は、瞬く間にやってきた。パーティと言っても、実にこぢんまりしたものだ。

一階席の各テーブルに招待客を通すと、店はにわかに活気を帯びた。これまではただの物件だった空間が、店として息づく。徹は感無量の思いだった。

徹と妻の礼美はそれぞれに、各テーブルに挨拶に回る。りょうは、ドリンクや軽食がなくならないか、目を配っている。娘のアンは最近お気に入りのワンピースを着て、大人の邪魔にならないよう、お行儀よく座っていた。

生命保険会社時代の仲間が三人連れだって来た。「明日のオープン、大丈夫か」「一年もつ算段はあるのかい」と、相変わらず辛口だ。そう言いながら、多忙な彼らがこうして時間をつくって来てくれていることが嬉しかった。

限られた予算で雰囲気あふれる内外装を仕上げてくれた、施工業者さんたちも来た。壁紙にそっと手を触れたり、建具の立てつけを見たりして、うなずきあう。デザイナーは「最近の施工例では抜群の出来映えだよ。うちのホームページに載せていい?」とご満悦の表情だ。

彼らのプロフェッショナルな仕事ぶりに、徹は感心しっぱなしだった。長年の友人のように盛り上がりながら施工を進めてきたのは、本当に楽しかった。

端の席で一人静かにワインを飲んでいるのは、信用金庫融資窓口の村上である。自己資金だけでは足りそうもなく、借入先を探していたときに、偶然SNSで大学時代の文学サークルの先輩が地元の信用金庫の融資窓口にいることを見つけたのだった。

矢も楯もたまらずメールを送り、アポイントを取りつけた。それから激しいダメ出しと経営アドバイスの末に、ようやく融資をしてくれた。以来、先輩後輩のよしみもあってか、折に触れて様子をうかがうメールをくれていた。

「村上先輩、今日はわざわざありがとうございます」。深々とお辞儀をして、手元のグラスにワインを注いだ。

「いよいよ、明日ですね」。村上は店内を見回した。

「それにしても……」、村上はニヤっと笑ってみせる。「堀川のカフェへの思いって、大学の頃から変わっていないんだな」

徹の脳裏に、遠い過去の光景が浮かんできた。たしかに大学の頃、カフェに関する雑文をサークルの同人誌に書いたことがあった。あんな些細な文章を覚えてくれていたんだと思うと、徹は胸がいっぱいになった。

「ところで堀川」、村上は真顔に戻り、おもむろに鞄から一枚の紙を取り出した。「ドラッカー、読んだことはあるかな」

「恥ずかしながら、ちゃんと読んだことはないんです。名言集は持っているんですけど」

「そうか。これからカフェ経営を続けていくにあたって、いろいろ悩みごとも出てくると思う。ドラッカーは心強いパートナーになるはずだよ」。そう言ってチラシを見せた。

「琴似《ことに》駅の近くで、ドラッカーの読書会があるんだ。うちの子が通っている学習塾が会場で、そこの塾長が熱烈なドラッカーファンなんだ。読書会はすでに何年もの実績があって、参加者の評判もすこぶるいい。以前紹介した若手経営者も、視界が開けたって喜んでいたよ。よかったら、どうかな」

村上の優しさが心に沁《し》みた。大学の頃からの想いをついに実現させた徹への、彼なりのエールなのだろう。「じゃあこれで」と店を後にした村上の背中を見送りながら、必ず参加しようと心に決めた。

起業の不安は、こうした周りの人たちの温かい応援で、少しだけ薄まっていた。

感謝の気持ちがこみ上げ、力がみなぎってくる。

「よし」、徹はワインボトルを持ち直して、他の参加者のテーブルへ向かった。

偶然に導かれるように

再会は突然だった。

一一月に入ると、札幌の街には雪が舞う。夕暮れどき、研修会社〈ポテンシャル〉の受付ブザーが鳴った。

総務部のデスクで研修資料の校正をしていた青柳夏子は、軽く咳払いをしてから受付用の内線ボタンを押して受話器をとった。

「はい、総合受付でございます」

「フレッシュエージェンシーの杉並と申します。アオヤギ様に、四時半にお約束をいただいております」

「スギナミ様、お待ちしておりました。お掛けになって少々お待ちくださいませ」

夏子はひざ掛けをたたんで立ち上がり、受付へ続くドアの手前にある鏡で身だしなみを確認した。お客様の前に出るときには全身くまなくチェックすべし、というのが北原社長からのお達しである。

「お待たせいたしました、青柳でございます」

ドアを開け、受付ソファの前に立ちっぱなしの男性を見て、夏子は驚いた。

「スギナミさんって、柊介さんだったんですか！」

「アオヤギさんって、夏子のこと……でしたか」

夏子と柊介は大学時代、同じサークルに属していた。柊介が二年上で、夏子は後輩に当たる。しかし、今日は柊介が営業する側だ。

思わぬ再会の余韻もそこそこに、応接スペースに通されると柊介は丁寧に切り出した。

「来夏に向けて弊社発行の『マチ・フレ』紙上で、『この人の講座を受けたい！　札幌の素敵なセンセイ』という新しい記事広告を企画しており、現在、リサーチをしているところです。そんななか御社のウェブサイトに行き当たり、北原社長の理念や事業内容に惹かれました。おそらくよい先生方を抱えていらっしゃるのではないかと思い、お話を伺いたくご連絡差し上げた次第です」

「広告出稿については社長判断となります」と制しながら、夏子は資料を開いて見せた。「ただ、研修会社にそういう先生がいるかどうかで言えば、何人かメディア受けしそうな素敵な方がいますよ。たとえば、こちらの三木よう子先生。オーラのある華やかな方で、弊社のエース講師と言っても過言ではありません」

「ああ、いいですねぇ。こういう個性のある先生がありがたいです。読者の興味を引くと思います」。柊介は相好を崩した。

「ならば、こちらの先生はどうですか？　エネルギッシュで、受講された方からの評判も高いです」――。

もとは気心の知れた間柄である。打ち合わせは順調に進み、ひとしきり話し終えると、二人はほっと一息、お茶を飲んだ。

改めて、偶然の再会を喜び合う。

「いやあ、まさか夏子と会えるとは。元気そうだね」

「まあまあです。柊介さんは広告のお仕事でご活躍なんですね」

「全然、ご活躍じゃないですよ。ずっと制作畑だったんだけど、営業に異動してからなかなか厳しくて。正直まいっていますよ」。かつての仲間の気安さで、思わず弱音を吐いた。

夏子は大きくうなずいた。「私もうまくいかなくて悩んでるんです。この間なんて……」

ドアの外を気にして声のボリュームを下げ、ヒソヒソ声で続ける。

「みんなの前で社長に注意されちゃったんですよ。いったい何年やってるんだ、少しは自分のアタマで考えろって。ひどくないですか」

思わず柊介は笑ってしまったが、夏子の顔は険しいままだ。

「社長のことを第一に考えて私なりに頑張ってきたのに、全然評価されてないんだなって」

「評価されていないかどうかは、また別の話でしょう。期待しているからこそ、厳しく言ってくれたのかもしれないよ」

「たしかに、これまでは少し受け身だったかもしれないって気づきました。単なる指示待ち人間だったつもりはありません。けれど、これからはもう少し能動的に成果を出せるようになりたいと思っています」

「なるほどね、僕たちもそろそろ仕事の仕方を見直す時期に来ているのかもしれない。具体的にどうしたらいいのかは、悩むところだけれど」

「そうなんです。それで、この間、思い切ってドラッカーっていう人の本を買ってみたんです。初めてビジネス書の棚に行きましたよ」

「へえ、ドラッカーって、あの経営学者の？」

「さすが柊介さん、ご存じでしたか」

「うちのトップがよく言っているから、名前だけは。でも何でまた……」

「実は社長に注意されて落ち込んでいたとき、偶然バスの中で聞いたんです。ドラッカーの話を……。会社の愚痴を言う若者に叔父さんらしき人がアドバイスしていたんですけど、その内容が、まるで私のことを言われているみたいで。もう直感で本屋さんに行って、思い切って買っちゃいました。まだ全然読めてないけれど……」

「なるほどね、僕も直感で動くことがあるのでわかります。で、何て本？」

「席にあるので、いま持ってきますね」。夏子は軽やかな足取りで出ていった。

柊介がしばらく所在なげに窓の外を眺めていると、夏子は戻ってくるやいなや、「もう、サイアクです〜」とうなだれる。

「社長からいきなり残業って言われちゃいました。明日の研修内容が急遽《きゅうきょ》差し替えになったからって」

「けっこうな量？」

「はい、二時間くらいはかかりそう」

「まあ、仕方ないよね」

「ありえないですよ〜。もっと早く言ってくれたら調整できたのに」

「でも、お客さんの都合でしょ？」

「そうですけど……。でもうちの社長、よくあるんですよ、ぎりぎりになって予定変更するとか」

「まあまあ」。唇をとんがらせて怒っている夏子をなだめて、柊介は話を戻した。「それかな？　ドラッカーの本は」

「はい、『経営者の条件』です。買ってはみたけれど、難しそうで。でも今日こそ、どこかでお茶しながら読もうと思っていたんです」

「それは残念だったね。仕事頑張って。僕もそろそろ次のアポに行くよ」

二人は連絡先を交換し、「また今度」とそれぞれの仕事に戻っていった。


淡雪の降る中を柊介が向かった次のアポイントは、先日オーナーが不在にしていた〈カフェプレミアン〉だった。

「失礼します。オーナーのホリカワ様と六時半からお約束をいただいているんですが」

「あっ、はい、堀川です」、堀川徹が手を拭きながらカウンターから出て来た。

「『マチ・フレ』さんですね、よく読んでますよ。すいませんね、この間は不在にしていて」

「ありがとうございます。はじめまして、フレッシュエージェンシーの杉並と申します」

「二階へどうぞ」

階段を上がると、窓を大きくとった開放的な空間が立ち現われる。壁一面にずらりと並んだ本が圧巻だ。外の白樺がライトアップされている。夜もいい雰囲気だ。

「すみません、他のお客様のお邪魔にならないようにします……」

恐縮そうに柊介が言うと徹が笑った。

「今日はちょっとした修理があって、三時で店を閉めたんです。だから気にしないでください」

徹は奥の部屋からパソコンを持ってくると、窓際のソファ席を打ち合わせの場とした。

柊介が改めて頭を下げる。

「お時間いただきましてありがとうございます。本日は弊社発行のフリーペーパーの広告のご案内で参りました。『マチ・フレ』を読んでくださっていると先ほど伺い、嬉しく思っております。ありがとうございます」

柊介は媒体資料を広げて、発行部数や媒体特性などを丁寧に説明した。徹はうなずきながらしばらく聞いていたが、突然、腕を組んでうーんと低い声を出した。

思わず柊介は説明を止めて、徹を見た。

「いやいや、すみません、変なリアクションをしてしまって。杉並さん、説明うまいなあと思ったんです」。徹はポリポリと頭をかいた。

「自分はつい、思いついたことを口に出してしまうタイプなもんで。この店を開業する前も、銀行やら役所やらで、うまく話せなくて苦労しました。保険会社の営業時代も大変でしたが、起業するともっと説明能力を求められるんですよね」

「こんなに素敵なカフェをつくり出す能力がおありなのに」

「好きなことをああだこうだと話すのは楽しいんですよ。でも、いまの杉並さんみたいに、わかりやすく理路整然と説明するのは苦手で……。誰かが整理してくれたらいいんでしょうけど」

柊介はふと思いつき、「もしよかったら、僕からいろいろ質問してみてもいいですか。カフェプレミアンさんについて」と聞くと、徹は「お願いします」と身を乗り出した。

会ったばかりの二人だというのに、すっかり気が合っている。

「ではまず、こちらのカフェのコンセプトを教えていただけますか」

「コンセプトというほどの立派なものはないんですけれど……。元々本が好きなので、ゆっくり読書するスペースがほしいと思っていたんです。あと、白樺がきれいでしょう？コーヒーも、わりと美味しいと思うんです」

思わず柊介はうなずいた。出されたコーヒーは味わい深く、香りも上質だった。

「確かに美味しいですね。何かこだわりはあるんですか」

「以前は生命保険会社の法人営業部で働いていたんです。毎日のように外勤で、アポからアポへ移動する日々でした。合間にちょっと時間があくと、よさそうな喫茶店を見つけてはコーヒーを飲んでいたんです。そのうちに、だんだん味にうるさくなりまして」

「たしかに営業マンにとって、美味しいコーヒーの存在は大きいですよねぇ」

「ですよね。コーヒーのドリップはかなり修業しましたよ。知り合いの焙煎所で叩きこんでもらって……、マスターが心を込めて淹れたコーヒーというのを、うちのウリにしていけたらなあと思っています」

「マスターのコーヒー、また飲みに来ますよ。あの本棚の本もじっくり見たいですし」

柊介がにっこり笑うと、徹もつられて笑顔になった。

「本だけは贅沢してきたので、家にはまだまだいっぱいあるんです。大学時代は文学サークルにおりまして、ちょっとした本オタクなんですよ」

「へえ、文学サークルだったんですね。お好きな作家は？」

「ははは。いまだに太宰治だったりするんですよね。古いですか」。徹は照れくさそうに立ち上がると、二杯目のコーヒーを淹れに階下へ降りていった。

「……杉並さん、広告出稿しますのでお願いしますね」。カップを置きながら唐突に言う。

何と一月号から、毎月広告を出したいという。開業時の経営計画に、集客手段として『マチ・フレ』への広告予算が織り込まれていたのだ。

アクセスの悪いこの店にとって、向こう一年間で経営を軌道に乗せるためには、地元情報誌への広告掲載は必須だった。その媒体として『マチ・フレ』が最も効果がありそうだという検証もすでに済ませていた。

「毎月掲載してくださるんですか！　ありがとうございます！」

「実は来られる前から決めていたんです。他のフリーペーパーも検討した結果、『マチ・フレ』さん一本で行こうと。とはいえ、実際に杉並さんに会って安心しました」

「営業に来たつもりでしたが、何もしていませんね」

「いやいや、杉並さんはすごく魅力がある広告営業マンだと思いますよ」

「え、本当ですか」

「聞き上手だと言われたことがあるでしょう？　杉並さんの質問に答えているうちに、頭のなかがどんどん整理されてくるんです。つい何でも話したくなってしまう」

「そんな、恐れ入ります。以前は制作サイドにおりまして、取材だけはたくさんしてきたからでしょうか。過分なお言葉ですが、嬉しいです」

「お世辞じゃないですよ、だって、いま何時だと思いますか」

あわてて時計を見ると、もう九時を過ぎていた。堀川徹の話を、もう二時間半も聞いていたのだった。柊介自身も時間を忘れていた。

改めて店内を見回した柊介は、オフィススペースのボードに貼ってある一枚の紙に気がついた。何かのチラシのようである。

仕事で成果をあげたいすべての方へ
『ドラッカー読書会』のご案内

「ドラッカー！　ちょっと拝見してもいいですか」。前のアポイントで青柳夏子とドラッカーの話をしたばかりの柊介は、この偶然の符合に驚いた。

「ああそれ、信金の融資担当の方からいただいたんです。それこそ文学サークルのときの先輩なのですが。これからの役に立つだろうって勧めてくれたんです」

「堀川さん、ドラッカーお好きなんですね」

「本好きを自称しながらお恥ずかしいのですが、著作をきちんと読み通したことはないんです。でも、だからこそ、この読書会に行ってみようと思って」

そのチラシには「ドラッカーとは」という説明書きが書かれていた。


一九〇九年オーストリア生まれ。経営学者、コンサルタント。現代経営学の巨匠。

マネジメントを発明した人物とされる。『マネジメント』『経営者の条件』など四〇作以上を著した。二〇〇五年にクレアモントの自宅にて没。九五歳だった。


「仕事で成果をあげたいすべての方へ……か」

じっとチラシに見入る柊介に、徹は思わず誘いの声をかけた。

「よかったら一緒に行きませんか。実を言うと、一人で参加するのは少々気後れしておりまして」

「実は、今日こちらに伺う前に知人の会社で打ち合わせがあったのですが、そこでもドラッカーの話になったんですよ……」。柊介はくいっと顔を上げた。

「ご一緒させてください。それからもう一人、その知人も誘ってよろしいですか」

「もちろんです」。徹は握手せんばかりの勢いだった。

階段がミシミシと音を立て、金色の短髪をした細身の青年が上がってきた。

「お、りょう。こちら『マチ・フレ』さんだ。来月から毎月広告を出すことになったよ。

杉並さん、うちのスタッフの田山りょうです」

「田山です」。青年は恥ずかしそうに挨拶し、徹に買い物袋を渡すなり、会釈して去って行った。

徹はややバツが悪そうな顔をした。「ろくな挨拶もできなくてすいません。人見知りで……。打ち解けるといい奴なんですけど」

「もともとお知り合いだったんですか？」

「実は昔、文学サークルの後輩集めて、それこそ読書会みたいなことをやっていたことがあるんです。誰かの紹介で来てくれて以来、なぜか慕ってくれているんです。それで開業にあたって声をかけてみたら、手伝ってくれることになりまして」

文学好きの脱サラ起業家と、彼を慕う年の離れた青年。〈カフェプレミアン〉に、杉並柊介は仕事の関わり以上の不思議な魅力を感じ始めていた。

読書会で何かが変わるかもしれない

円山公園駅から地下鉄で三駅、琴似駅を降りて数分のところに、その学習塾はあった。年季の入ったビルに〈リザルト学習塾〉という青い看板が出ている。「ドラッカー読書会」の会場は、その二階だった。

第一回目はガイダンスが行われると聞いている。

杉並柊介は、駅で待ち合わせた青柳夏子と一緒に、おそるおそるドアを開けた。いかにも学習塾らしく、壁には模試の日程や連絡事項、偉人の名言などが、所狭しと貼り出されている。

ホワイトボードの前に机がロの字形に組まれており、〈カフェプレミアン〉の堀川徹が一足先に座っていた。知った顔を見つけて、柊介はほっとして声をかけた。

「堀川さん、こんにちは。紹介します、こちらが先日お話しした知人の青柳夏子さんです」

「はじめまして、青柳です。今日は便乗させていただき、ありがとうございます。ドラッカーの本を買ったのはいいけれど、なかなか読めなくてどうしようかと思っていたところなんです」

夏子は『経営者の条件』を胸に抱くようにして、少し緊張気味だ。

「はじめまして。こちらこそよろしくお願いします」。徹は大きな笑顔を見せた。

「大丈夫、初回は全体の説明だけと聞いています。予習はいらないということで、私もまだ読んでないんですよ。気楽に行きましょう」

柊介も、買ったばかりの『経営者の条件』を鞄から取り出し、机の上に置いた。

定刻となり、主宰の東堂久志がさっそうと教室に入ってきた。

「こんにちは！　今日はお集まりいただき、ありがとうございます。私はドラッカー読書会を主宰している東堂と申します。ご覧の通り、この塾の塾長もやっております。よろしくお願いします」

東堂は見たところ、五〇歳前後だろうか。冬だというのに、白いシャツを若々しく腕まくりしている。

参加者は全部で五名。夏子、柊介、徹のほかに、女子高生と白髪の老人が着席していた。

「今回は比較的こぢんまりしていますね。これから一緒に読書していく仲間ですから、簡単に自己紹介しましょうか」

「堀川です、カフェのオーナーをしています」

「杉並です。フリーペーパーの『マチ・フレ』ご存じですか？　その営業をしています」

「青柳です。研修会社に勤めています。杉並さんに誘われて来ました」

続いて、女子高生が元気よく挨拶する。

「星はるか、高校二年生です！　アイドル目指して頑張ってます！」

白髪の老人は、画家だという。七〇歳は超えているだろうか。東堂の古い知り合いらしく、見学に来た、とだけ言って軽く会釈《えしゃく》した。

「それでは、さっそく始めましょうか」。そう言うと、東堂は一枚の紙を配った。

■読書会の進め方

・月に一度、一回につき九〇分の実施
・事前に該当の章を読み、気になるところに線を引いてくる
・当日は線を引いてきたところを読み上げ、コメント（感想、質問、報告等）を発表する

■読書会の効果

・一人で読書するよりも、多様な視点を得られる
・会話をすることにより、さらに理解を深めることができる
・実践者の報告により、「読む」から「行動する」へと変化を促される

■**課題図書**

・ドラッカー名著集①『経営者の条件』(上田惇生訳、ダイヤモンド社)

「最初にまず、この読書会について説明させていただきますね」。東堂が切り出す。

「もともと僕が熱烈なドラッカーファンだと知っている友人たちから、どの本がおすすめか、最初に読むならどれがいいか、などと相談されることが多かったんです。ただ、せっかく紹介しても、途中で挫折する人もいたりして……」と言いながら一瞬、顔を曇らす。

「それで、ドラッカーのすごさ、奥深さ、面白さを分かち合いたい、という気持ちで読書会を始めました。立ち上げから、かれこれ一〇年は経つでしょうか――クチコミでじわじわと話が広がり、いろいろな方に来ていただけるようになりました」

徹は黙って、この会を紹介してくれた、信用金庫の村上の顔を思い浮かべていた。

「さて、読書会の進め方そのものは、とてもシンプルです。課題となった章をあらかじめ

読んできてもらい、気になったところに線を引いてきてもらいます。そして、気になった理由や感想などを報告し合うだけです」

そう言うと東堂は、赤い表紙の本を高々と上げてみせた。「課題図書は、こちら。みなさん持ってきていますね」

全員が確認するかのように、それぞれ手元の本に視線を落とす。

「この『経営者の条件』は、ダイヤモンド社から出ているドラッカー名著シリーズの第一巻目に当たります。ドラッカーはその生涯で四〇冊、いや論文集なども含めれば五〇冊以上もの本を書いているんですよね。そのなかで記念碑的な一二作品を厳選したのが、このシリーズです。そのトップバッターがこの本なんですよ」

東堂の口調は、次第に熱を帯びていく。

「ただ、タイトルを見て敬遠してしまう人も多いんですよね。もったいない。原題は、“The《ジ》 Effective《エフェクティブ》 Executive《エグゼクティブ》”と言うのですが、翻訳家の上田惇生先生いわく、〝仕事のできる人〟というニュアンスだそうです。だから、社長さんじゃなくても大丈夫なんですよ」

徹は経営者だが新米だし、柊介と夏子はヒラ社員だ。互いにほっとして微笑みを交わす。

さらに一段、東堂の声のトーンが上がる。

「ならば、仕事で成果をあげるために、私たちは何をすればよいのか。そこで必要な五つの能力について具体的に書かれているのが、この『経営者の条件』なのです」

その気迫に、参加者の背筋がピンと伸びた。

「この本のすごさは、最初の一文からもう始まっているんです。みなさん一緒に、まえがきを読んでみましょう。……この書き出しは、鮮烈ですよ！」

そう言うと、東堂はおもむろに読み上げた。


普通のマネジメントの本は、人をマネジメントする方法について書いている。しかし本書は、成果をあげるために自らをマネジメントする方法について書いた。ほかの人間をマネジメントできるなどということは証明されていない。しかし、自らをマネジメントすることは常に可能である。

(p.iii)


（ここだわ……、あのとき立ち読みをして衝撃を受けたところ）

東堂が読み上げるドラッカーの言葉に、夏子は改めて感じ入った。朗読は続く。

とはいえ、成果をあげるために特別の才能や、適性や、訓練が必要なわけではない。物事をなすべき者が成果をあげるには、いくつか簡単なことを行うだけでよい。成果をあげるには、本書で述べているいくつかのことを実行すればよい。しかもそれらを実行するために生まれつき必要なものは何もない。（p.iii）

「もともと『経営者の条件』は一九六六年に発行されたのですが、このまえがきは一九八五年のペーパーバック版で新しく書き足されたものです。ここで言うマネジメントとは、他人のコントロールではなく、自分のコントロールのことを指しています。――自ら考え、決めて、行動することなのです」

使命感に燃える東堂の瞳。ドラッカー教授の教えを伝える役目を、心底、魂から喜んでいるかのような表情だ。

「それでは引き続き、本の全体をさっと見ていきましょう。目次をご覧ください」

参加者が一斉にページをめくった。

・序章　成果をあげるには

・第1章　成果をあげる能力は修得できる

「まず序章で、できる人に共通する心構えが説かれています。続く第1章で、働く人々の現実を指摘しつつ、私たちを勇気づけるメッセージをくれます。原文は“Effectiveness《エフェクティブネス》 *Can*《キャン》 Be《ビー》 Learned《ラーンド》”。そう、Ｃａｎなんです。できるんです。成果をあげる能力は、生まれつきのものではなく、努力で身につくものなんです」

東堂は英語の発音が流暢《りゅうちょう》だった。説明の仕方も、いかにも塾講師らしい。

・第2章　汝の時間を知れ

・第3章　どのような貢献ができるか

「ここから具体的に、五つの能力が一つひとつ紹介されます。第2章は、時間の確保。時間の使い方を意識するだけで、生活がすっかり変わります。第3章は、貢献。組織に属する一人ひとりが、組織の成果に対して何をするか、ということです。これは、個人のエネルギーを組織の成果につなげる、非常に重要な視点です」

「センセイ、質問！」。ここで女子高生、はるかの手が挙がった。

（えっ、発言するの？）夏子はその積極性に驚き、メモの手を止めて顔を上げた。

東堂は「どうぞ」と促す。

「私、アイドルになるためにいろんなレッスンを受けていて、けっこうお金がかかるんです。だから週に一回、近所の喫茶店でアルバイトしてるんですけど……この間、店長にチクっと言われちゃったんですよね」

みんなの視線が、はるかに集まる。

「――アイドルの勉強もいいけど、もう少しうちにも貢献してくれないか、ですって。まあ、セリフの暗記とかあって、バイト中も気が散っちゃっていたのは悪かったけど……。でも、貢献って言われてもいまいちピンと来なくて」

「そうですか、質問どうもありがとう」。東堂は他の参加者を見渡す。「実は彼女、うちの学習塾の生徒さんでもあるんです。この塾は一方通行で講義をするのではなく、質問重視のスタイルなのですが、そのなかでもはるかさんは質問の女王なんです」

星はるかは照れくさそうにはにかんだ。

「さて、詳しいことは第3章の読書会で話し合うとして……今日は簡単に説明しましょう。会社や組織やチームには、理想や目指すべき目標があります。そこに近づくために、私たち一人ひとりがどのように役に立てるか、ということです」。東堂は続ける。

「たとえ週一回のアルバイトでも、お客さんから見れば、喫茶店の運営メンバーの一人ですよね？　きっと店長さんなりの理想とか、喫茶店として目指す成果があるはずです。そのために何をすればよいか？　もしかすると、はるかさんにしか、できないこともあるかもしれませんよ」

この説明で、はるかは一気に自分事として感じることができたようだ。

「今度のバイトのとき、店長さんに聞いてみます！」

「報告が楽しみです」。東堂がにっこり笑った。「さあ、続けましょう」

・第４章　人の強みを生かす
・第５章　最も重要なことに集中せよ
・第６章　意思決定とは何か
・第７章　成果をあげる意思決定とは

「第４章は、私たち日本人にとって大切かもしれませんね。よく、強みを伸ばすより弱点の克服ばかりが重視されると言われますよね。テストも減点方式が多いですし、ミスをしないことばかりに目が行きがちです。でも、成果は強みを生かすことであがるんです」

教室にメモを取る音が響く。みんなの表情は真剣そのものだ。

「第5章は、集中です。人間、やれることは一度にひとつ。大事なものの優先順位、いらないものの捨て方が書いてあります。そしてそれを決断するときに必要なのが、意思決定の能力です。第6章・第7章でじっくり説明されています」

・終章　成果をあげる能力を修得せよ

「いよいよ最後。タイトルを見ると、第1章と対になっているのがわかりますね。原文は、“Effectiveness《エフェクティブネス》 ***Must***《マスト》 Be《ビー》 Learned《ラーンド》”。第1章のＣａｎが、ここではＭｕｓｔになっています。成果をあげる能力は、修得できる！　修得しなくてはならない！　修得せよ！　なのです」

（この熱量！　まさにエバンジェリスト、伝道者だ）徹は改めてうなった。

勢いのついた東堂は、ホワイトボードにまとめを書き出した。

「これが『経営者の条件』で挙げられた五つの能力です」

■成果をあげる五つの能力
・汝の時間を知れ
・どのような貢献ができるか
・人の強みを生かす
・最も重要なことに集中せよ
・成果をあげる意思決定をする

「次回は第1章『成果をあげる能力は修得できる』を取り上げますので、あらかじめ読んで、印象に残ったところに線を引いてきてください。当日、どこに線を引いたかと、その部分についてのコメントをそれぞれ発表してもらいます。コメントは、感想でもいいですし、質問でもいいですし、実際にやってみた報告などでもいいですよ」

うなずく参加者に、打ち解けた様子で東堂はしめくくる。

「読書会形式はいろいろな学びがあって面白いんですよ。やはり一人で読むのと違って、視点の数だけ気づきもありますし、わからないところも助け合えるので、理解しやすいです。難しく考えず、リラックスして楽しみましょう。本日はこれまで！」

読書会ガイダンスが終わり、みな帰り支度を始めた。柊介は徹に改めて頭を下げた。

「ありがとうございました、誘ってくださって。本当によかったです」

夏子も興奮冷めやらぬ様子だ。「私もこの勉強、ぜひ続けたいです」

堀川も顔をほころばせた。

「自分も感動しています。カフェの開業で心配の種が尽きないところでしたから……絶妙なタイミングでした」

「これも何かのご縁ですよね」と柊介が振り返る。「あのとき夏子と偶然会ってドラッカーの話を聞いていなかったら……堀川さんのオフィスでこのチラシを見かけなかったら……僕は今日ここに来られませんでした」

そこに、ホワイトボードを消し終えた東堂が加わった。

「堀川さんは、信用金庫の村上さんのご紹介でしたね。お越しいただき、ありがとうございました。杉並さん、青柳さんも、よくいらっしゃいました」

「こちらこそ、来てよかったです」。三人が口々に言う。

「ドラッカー教授の教えは、年代を問わず役に立つのですが、みなさんのように社会人経験を積んだ三〇～四〇代の方々が、一番その恩恵にあずかれるのではないでしょうか。成功体験も失敗体験も宝の山のように持っている。けれど、人生の道のりはまだまだ長い。努力と根性、がむしゃらの時期を経て、いよいよ意義ある仕事を手掛けようという段階にきていますよね」

三人とも、まさにその通り、という表情だ。

「いいタイミングですね。最高じゃないですか！　みなさんのような年代の方がドラッカーを学んで、それぞれの仕事で成果をあげていくことは、これからの日本にとって大切なことだと思いますよ」。そう言うと、東堂はウィンクした。

「始めるのに遅すぎることはないんです。何と言ってもドラッカー教授自身、九五歳で亡くなるまで、『次に書く本こそが最高の本だ』と言い続けていたのですから。僕らなんて、これからですよ」

第2章

ドラッカーを学び始めたら

「成果をあげる人」になりたい！

札幌駅地下街は週末の賑わいだった。

地下街の奥の一角にはオープンスペースがあり、買い物途中の人々が思い思いに憩っていた。青柳夏子も数あるベンチのひとつに腰掛けていた。

少し奥まった、観葉植物に隠れたこのベンチは、夏子がよく時間を過ごす場所だ。フードコートでテイクアウトしてきたホットココアを両手で包むと、外を歩いて冷えきった手がじんわり温かくなった。ココアを飲むと、ほっとする。疲れたときやリラックスしたいときのお気に入りの方法であった。

先日、ドラッカー読書会へ初めて参加してからというもの、夏子の気持ちは大きく変化しつつあった。ドラッカーの言う「成果をあげる能力」を身につけて、自分も成果をあげる人物になりたいと思うようになっていた。

いま自分が学んでいることをきちんとノートにまとめようと、今日は文房具店巡りにやって来たのだった。少し奮発してでも、これぞという一冊を見つけたい……。

何軒か回ってから、普段行かない老舗の文房具店で、とうとうイメージにぴったりのノートが見つかった。濃紺の表紙に金色の装飾が施されている。価格は一〇〇〇円を超えていたが、この重厚さがドラッカーにぴったりだ。思い切って購入した。

ココアを飲み終わった夏子は、浮き立った気持ちで地下街を歩いていた。自分も知らなかった新しい自分に出会えそうで、気分が高揚していた。

ふと、一段と大きな呼び込みの声が耳に入った。いかにも頼りになりそうな、肝っ玉かあさん風の女性が、はつらつとした笑顔で、オーガニックビスケットの試食を道行く人に勧めている。

「さあ、どうぞ、どうぞ！ そこのお姉さん、試食はいかが？ そちらのお兄さんも、ひと口味見してみてくださいな。愛情たっぷり、優しい味ですよ〜。一〇〇％天然無農薬、赤ちゃんでも食べられる安心のビスケットです。ほらほら、遠慮しないで！」

その女性の屈託のない笑顔と朗らかな話し方に、道行く人が思わず足を止める。いつのまにか、人だかりができていた。夏子もつられて立ちどまった。

（あの女性はアルバイトなのかもしれないけど、まったく受け身じゃない。本当にこのビスケットが大好きで、みんなに食べてもらいたいって気持ちがあふれている……だからみ

んな自然に引き寄せられるんだわ)

(自分の意思で働いている感じがする。ああいう輝いている人に私もなりたいな)

温かいエネルギーをもらった気がして、夏子は二ダース入りを購入した。

(そうだ、明日はノース銀行の研修があるから、きっと何人か休日出勤して準備しているはずだわ。これ、差し入れに行こう!)

会社のみんなが喜んでくれるだろうかとわくわくして、札幌駅近くにある〈ポテンシャル〉のオフィスに向かった。

オフィスのドアは鍵が開いていたが、がらんとして人気がない。耳を澄ませるとパソコンのキーボードをタイプする音が、奥の社長室から聞こえてくる。社長の北原進一は出社しているようだ。

(あら、北原社長しかいないんだ。二ダースのビスケット、社長一人には多すぎかな。まあ、ご家族で食べてくださいって言えばいいかしらね)

夏子は社長室のドアをノックした。「失礼いたします」

しかし、北原からの返事はない。夏子はいぶかしく思ったが、おそるおそるドアを開けてみた。

室内は薄暗い。社長室の照明は点いておらず、ブラインド越しに入ってくる薄暗い光だけだった。黒いパーカーを着た北原が、ゆっくりと夏子のほうを振り返った。

学生の頃から着ているかのような、英字のロゴマークが大きく入ったパーカーだ。色も褪せて、元々は黒だっただろうに、いまやほとんどグレーに近い。休日出勤のときの北原は、ライナスの毛布のように、いつも決まってこのパーカーだ。

北原はニコリともしない。陰鬱《いんうつ》な表情のままだ。

夏子はただならぬ暗い雰囲気に、ドアを開けたときの笑顔のまま凍りついていた。

「おう」、北原の声は意外にもソフトだった。「忘れ物か?」と言い、再びパソコンの画面に視線を戻した。

「いえ、明日の準備でみんな出社しているかと思って、差し入れを」

「中止になったんだよ、明日の研修。だから今日は誰も来ない」

「えっ、ノースさん、中止になったんですか。知らなかったです」

「昨日、夏子が帰った直後に、先方から電話があったんだ。オフレコだが、ノース銀行が北星銀行に吸収合併される。月曜日の朝刊に出るそうだ。ノース銀行の福利厚生と教育研修を任されていたノースマネジメントは、存在ごとなくなるらしい」

夏子は事態を飲みこめず、棒立ちしたままだ。

「ノース本体も人員整理されて、残った人たちは北星銀行に行く。北星銀行で研修を受けることになるから、今年度うちで決まっていたノースの研修はすべて中止になった」

「そんな……」

「いま、一一月だろ。三月までノースの九〇〇人分の研修をうちでやることになっていたが、それが全部中止だ。一億円、飛ぶんだ。非常に厳しいことになる」

「今期はノースさんからの受注が大半でしたよね」

「ああ、そうだよ。青天のへきれきだ。うちも連鎖倒産しかねない……。ったく、来年二〇周年だっていうのになあ。俺の嗅覚も弱ったもんだ」

夏子は、かける言葉が見つからない。

「みんな、昨日は青ざめた顔で帰っていったよ。今頃、どうやってこの泥船から逃げ出すか考えているだろうさ。夏子、お前も転職していいんだぞ」

自嘲気味に話す北原は、昨日までの自信あふれる様子とは打って変わって、怖気づいた少年のような顔をしていた。

腹の立つこともあるけれど、ずっと仕えてきた敬愛するボスだった。会社に対する愛着もある。夏子の内側から、熱い闘志のようなものがふつふつと沸き起こってきた。

「社長、どうしましょう！」

「どうしましょうって、お前、どうもできないだろう」

「私、一緒に頑張ります！　ポテンシャルを倒産させません！　このまま指をくわえているだけじゃ嫌です」

「いいよ、いいよ。夏子の気持ちは嬉しいけれど、営業でもないしな。会社都合で退職していいんだぞ」

「社長！」、まっすぐな怒りが突き上げてきて、夏子はつかつかとデスクに詰め寄った。

「な、何だよ？」

「社長はすぐ私をばかにして！　何年やってんだ、とか、自分のアタマで考えろとか」

「あのときのことか。悪かったよ。でもそんな……」

「はい、いまそんな話をしたいんじゃありません！　会社が倒産しそうなのに、手伝わなくていいっていうのが間違っているんです！」

「何でそんなに怒るんだ。申し訳ないからそう言っているんじゃないか」

「それ、私が戦力外だって暗に言っていませんか。社長に指示待ちじゃだめだと叱られて、反省していろいろ考えたんです。ドラッカーの勉強も始めたんです。変わろうと思っているんです。これからは、成果をあげられるような人物になりたいって」

普段の夏子ではとても社長に言えないようなことが、このショックで口からすらすら出てくる。

「気持ちはありがたいけれど、倒産の危機だぞ。そう思うならキャリアアップできる道を広く考えろよ。うちにこだわらなくていいんだ。夏子は優しいから、長年一緒だった俺から去りづらいんだろうけど、冷静になれよ」

「もうっ、違います！」、夏子はありったけの勇気を振り絞って大きな声を出した。

「変わろうと思うから、私はポテンシャルに残るんです！」

北原が（いったい何を言い出したんだ）という疑問の表情を浮かべる。

「ひ、人は」、夏子は震える声で話し始めた。

「人は、人生において、自分さえよければいいんじゃなくて、そのときにやらなきゃならない仕事があると思うんです。うまくいくとか、いかないとかじゃなくて、目の前に来た難題に本気で自分を差し出さなきゃならないときが……」

呆然とする北原に、夏子は思いのたけを吐き出す。

「いま目の前に、会社が倒産しそうだっていう難題がある。ここで逃げないで本気で立ち向かったということが、本当に成果をあげる人物になれることにつながると思うんです。だから社長！　何でもかんでもやってみましょうよ。思いつくことを全部やってみましょうよ。一〇個やってだめだったら、一〇〇個やってみましょうよ！」

北原はゆらりと立ち上がった。一八〇センチの上背がある北原が、頼りないただの棒のようになって夏子を見る。沈黙の数秒間があった。

「一〇個やってだめだったら、一〇〇個やってみる、か……。俺、そんなふうに思えなかったよ。二〇年やってきたポテンシャルがなくなるショックで、自暴自棄になりかけていた」

北原の瞳に、光が戻り始めた。

「でも、違うな。最後の最後まで、北原進一は本気じゃないとな。ぺっしゃんこにつぶれたっていいいか。やりきってつぶれてやるか」

夏子は北原の言葉にうなずきながら、自分の肚《はら》の奥で静かな闘志が燃えたぎっていることを実感していた。

誰もが「知識労働者」である

「うわっ、灯油がない。すいません、灯油を入れてからストーブつけ直しますんで」

リザルト学習塾を経営している東堂久志は、シャツを腕まくりしてバタバタと駆け回っている。今日は二回目のドラッカー読書会だ。

東堂は『経営者の条件』を掲げて高らかに言った。

「第1章『成果をあげる能力は修得できる』を読んできていただけましたか。本全体を理解するうえでも、この本を読む理由を整理するうえでも、格好の内容になっています」

みな、一斉にページをめくる。

「いよいよ、今日から読書会形式に入ります。すでに気になったところ、好きなところ、わからないところ等々、心が感じたところに線を引いてきてもらっているかと思います。それをこうして車座になって、順番に発表し合うのです。正解なんてありません。どんなコメントでもいいんです。安心して、楽しんでやりましょう！」

東堂はそう言って笑いかけた。

「ではさっそく、発表してもらいましょう。どなたから始めますか」

青柳夏子の手がおずおずと挙がった。

「青柳です。よろしくお願いします。線を引いたところを読み上げますね」


成果をあげることがエグゼクティブの仕事である。成果をあげるということは、物事をなすということである。(中略)エグゼクティブは常に、なすべきことをなすことを期待される。すなわち成果をあげることを期待される。

(p.18)


「私は、これまで自分のところに来た仕事のことしか考えていなかったんです。これからは会社全体を見て、この『なすべきこと』っていうのを意識してみようかな……って心が動いたので線を引きました」

東堂が夏子にうなずいてみせた。

「トップバッター、ありがとうございます。『なすべきことをなす』、これはとても重要なメッセージですので、みなさんも意識しておいてください。ただ自分のやりたいようにやるのとは大きく違います――。

現代社会に生きる私たちは、いろいろな形で『組織』に属しています。その組織の成果から考えて、それに貢献する仕事をすることが『なすべきこと』なのです。そこにこそ、組織に属する個々人の社会的役割があるのです」

夏子は先日買ったお気に入りのノートに、熱心にメモを取っている。

「この本には『成果をあげる』というテーマが掲げられていますが、成果をあげるのは、いまこの組織において自分の『なすべきことをなす』ことからなのです」

(なすべきことをなす)夏子は、もう一度心の中で反芻《はんすう》する。

「さて、ここでも、『エグゼクティブ』という言葉が出てきましたね。経営者とか経営幹部とか、いろいろな印象をもたれるかもしれませんが、ここでは『組織の成果に貢献する働く人たち』というようなニュアンスで捉えておきましょう」

そして東堂が次の発言を促すと、「じゃあ」と堀川徹が手を挙げた。

知識労働者は、それ自体が独立して成果となるようなものを生み出さない。溝、

靴、部品などの物的な生産物は生み出さない。知識労働者が生み出すのは、知識、アイデア、情報である。（p.21）

「自分はカフェをやっているんですけどね。コーヒーを淹れたり、軽食をつくったりしているから知識労働者じゃないのかな、と。よくわからなかったので線を引きました」

「ありがとうございます。そうですね、線を引くのは、何かを感じたところだけでなく、疑問に思ったところでもいいですね」。そう聞いて徹はほっとした表情だ。

「さて、『知識労働者』はドラッカーを読むうえでカギとなる言葉なので、少し解説しましょう。英語で言えばナレッジワーカー。その反対の概念として、『肉体労働者』があります。英語だとマニュアルワーカー、つまり指示、命令に沿って働く人々のことです」

- 知識労働者（ナレッジワーカー）：自ら、考え、行動し、成果に貢献する
- 肉体労働者（マニュアルワーカー）：指示、命令に沿ってマニュアル通り働く

東堂はホワイトボードに几帳面な字で書いて、こう説明した。

「ドラッカーは肉体労働者の仕事はカウントできるが、知識労働者は成果を把握しづらいと言います。まずは肉体労働者に関する説明の部分を引用しましょう」

肉体労働者は能率をあげればよい。なすべきことを判断してそれをなす能力ではなく、決められたことを正しく行う能力があればよい。肉体労働者の仕事は、靴のような生産物の量と質で評価できる。

(p.19)

「堀川さんの場合、何かをつくってはいるけれど、決して誰かの指示命令通りに働いているわけではありませんね。また、時間内に何杯のコーヒーをつくったからOK、という仕事でもありません。ですから、この場合の肉体労働者には当てはまりません。それでは、知識労働者とは何でしょう。これも引用しましょう」

知識労働者は自らをマネジメントしなければならない。自らの仕事を業績や貢献に結びつけるべく、すなわち成果をあげるべく自らをマネジメントしなければならない。
(p.21)

「ここを読めば、あなたも私も、誰もが知識労働者だということを認識できるのではないでしょうか。自らが知識労働者であると認識し、自分をマネジメントする必要があることを意識することから、成果をあげる人物になるための道が始まります」

夏子は東堂の言葉を噛みしめていた。

「ドラッカーは『知識労働者が成果をあげなければならない時代が来た』と言います。昔は肉体労働者の生産性を高めることができれば、社会として問題はなかった。しかし、いまや誰もが知識労働者である。まず、自分自身が知識労働者だと気づくこと、そのような人が増えることが、現代の課題だとドラッカーは指摘したわけです」

(誰もが知識労働者——私も、知識労働者なんだ)

北原社長に言われたことが、改めて夏子の胸に迫った。これまでの自分は、肉体労働者的に指示命令に従っていたのだろう。知識労働者であるためには、やはり自ら考え、行動することと、そして成果に貢献しなければならないんだ……。

まさにいま、意識転換が自分に起きていた。夏子はノートにしっかりと書き留めた。

読書会終了後、東堂、柊介、徹の三人は、近くの居酒屋に立ち寄った。

飲み物が揃ったところで、東堂がグラスを掲げた。

「これから、ともにドラッカー教授の教えを生かしていきましょう。乾杯！」

三つのグラスが音を立てた。

「ところで青柳さんは帰っちゃったんですね」、東堂が柊介に聞いた。

「よっぽど今日の内容がガツンと来たみたいで。この気持ちのまま内容をまとめたいから帰る、って言っていました」

「青柳さん、燃えていましたよね。これからが楽しみです。杉並さんはどうでしたか？」

「はい、家で予習はしたのですが、初めて理解できたところがたくさんありました。一人で読んでいると難しくて」

「そうなんですよね」、徹がしみじみとうなずく。「東堂さんの解説つきで読むと、断然、面白いですね」

「そう言っていただけると、幹事冥利《みょうり》に尽きます。少し手がかりがあるだけで、ドラッカーの世界がぐんと近づきますよね。この読書会から、たくさんの気づきと喜びが広がっていくのが何より幸せなんです」。東堂は手酌しながら続ける。

「他の方の目線や意見を取り入れ合うことで、それぞれの理解が一段と促進されるんですよね。うちの学習塾でも、質問タイムを充実させるようになってから、子どもたちの成績がぐんぐん上がり始めました」

「わかる気がします。中学の頃の英語の先生がそうでした。教室が劇場みたいになって、みんながどんどん質問して盛り上がっていくんです。あの授業は楽しかったなあ……」。

柊介は切れ長の目を細めた。

飲み物のおかわりを重ね、座はだんだんとくつろいでいった。

「それにしてもサラリーマンばかりかと思ったら、高校生がいたり、画家の先生が見学に来ていたり、面白いですね」、柊介がジョッキ片手に東堂に話しかけた。

「今回は面白い顔ぶれですね。星はるかちゃんは学習塾にも通って来ていますが、積極的で、非常に優秀な子です。きっと読書会からも何らかの学びを得るでしょうね」

「画家の先生は?」、柊介が訊いた。

「彼は、私の古い知り合いなんです。まさか見学にいらっしゃるなんて驚きだったけれど。

その話はまた今度、ご本人もいるときにしましょう」

店に新しい団体客が入って来た。新人らしき若い従業員が案内をしている。団体客はすでに酔っていて、若い従業員をからかっている。

ふと東堂が話題を変えた。「そういえば、堀川さんのところ、従業員さんは？」

「うちはアルバイトが一人です」

「へえ。学生さん？」

「二〇代後半くらいかな。前からの知り合いで」

「優しそうな青年でしたよ」、先日りょうに会っている柊介が合いの手を入れる。「堀川さんのお店、コーヒーも美味《うま》くて、本もずらっと置いてあって、いい雰囲気なんですよ」

柊介がそう褒めると、徹が照れた。

「へえ、それはそのうちにぜひ行ってみなければね。ところで堀川さんはどうしてカフェを始めようと思ったんですか？」

徹はその質問に、オープン前夜のレセプションパーティに顔を出してくれた信用金庫の村上との会話を思い出した。徹が大学時代、サークルの同人誌に、カフェにまつわる雑文を書いていたのを村上は覚えてくれていた。

「大学時代に文学サークルに参加していて、同人誌に雑文を書いたことがあります。『読書喫茶』という変なタイトルの短いエッセイなんですけれど」

「読書喫茶？」

「はい、昔からとにかく本を読むのが好きで。だけど落ち着きがないタイプなもんで、いざ読もうと思っても、環境が整っていないと気が散って集中できないんですよ。実家は青果店で慌ただしいし、学校じゃ味気ない。公園のベンチじゃ陽射しが強いし、喫茶店に入っても音楽がうるさすぎたり、客の話し声が騒がしかったり……。せいぜい深夜か早朝に殺風景な自分の部屋で読むぐらいでした」。徹は遠い目をして語る。

「それでも、その時間が本当に貴重でした。本を読む時間というのは、人生においてかけがえのない聖なる時間だと思ったんです。だから、もっと良質な読書の時間が欲しい。だけど、そういう場所がない――。

神様お願いします。読書のための特別な場所をください。静かに音楽が流れている場所がいい。美味《おい》しいコーヒーが飲めたらもっといい。誰も邪魔しなくて、落ち着いた雰囲気で、本の世界に没入できる場所をください……誰の人生にも、そういう場所と時間が必要だと。そんな想いを抱えたある男の叫び、ですかね」

徹は少し照れて頭をかく。「変なエッセイだったけど、ストレートに気持ちが湧いてきて、するっと書けたんです。意外と周りの評判もよくて」

「なるほど。その叫びがいまの店につながっている、と」。東堂がうなずく。

「ええ。書いたときは自分でもびっくりしたんですが、内なる叫びに気づいたら、無性にやりたくなりましてね。当時は紫煙立ち込める喫茶店や、談話室的なところばかりで……こんな店があったらいいとか、暇にあかして想像するようになったんです」

柊介も、先日聞いた以上の深い話に思わず聞き入っている。

「保険の営業時代、札幌市内の喫茶店はかなり行きましたから、すっかり舌も肥えて美味しいコーヒーのイメージがついてきました。本も次から次へと増えまくって嫁に怒られるぐらいで。床が抜けちゃうから、他の場所借りて置いてよ、なんて」。徹は肩をすくめる。

「溜めに溜めた本をずらりと並べて、読書喫茶を実現させるのも悪くないな、もうすぐ不惑だし、挑戦するならこのタイミングかな、と。不思議なもので、そう思い立ったら、ピッタリな物件に出会えました」

「想いは叶うものですねえ」。柊介も同調する。

「そうしたら、一緒にやりたいと言うやつも出て来て……ようやく実現しました」

「起業って出会いなんだよな」、東堂は赤い顔で上機嫌になっている。

「いやあ、これだから楽しい。応援しますよ、堀川さん！　その想いがあって、しかもドラッカーと出会っているんですから、百人力ですよ！」

三人はおかわりを頼んで、また乾杯した。

札幌の冬の凍るような寒さは、温かい酔いや湯気やぬくもりを引き立たせ、居酒屋で過ごす夜をとても居心地のいいものにしていた。

お客さんのことが、数字にしか見えない

広告代理店〈フレッシュエージェンシー〉の会議室では、営業四課の月次会議が行われていた。嶋課長が何十粒目かのミント味のタブレットを口に放り込んで、眉間《みけん》にしわを寄せたまま、ペンで机を叩いている。

どこか遠くから、クリスマスソングが聞こえてくる。しかし会議室には、賑わう世間とはまったく逆の、ドライアイスのような冷たい空気が流れている。

「で、二月号の目標数字に二二〇万円足りません、と」

トップ営業マンの陣内光秀は、われ関せずの表情でキャラメルラテをすすっている。

「見込み数字、いまからもっと出せるやついるか」

「あたし、真冬のビューティ企画でネイルサロン当たってみます」

「ロマンチックウィンターのディナー特集、市内のホテルに再アタックしてみます」

「ボクも居酒屋かたっぱしから飛び込みしてきます」——

嶋課長は若手の積極的な声を聞いても、苦虫をかみつぶしたような表情を崩さなかった。

「お前ら、そうやって先月も目標達成できなかっただろう。フリーペーパーは、しっかりとクライアントとのリレーションを深めてマーケットをつくっていかないと、競合とのシェア争いに陥るだけだ」。そう言うと、嶋課長は語気を強める。

「今朝、マネジャー会議でも社長が言っていたぞ、このまま未達が続くようなら、いずれ廃刊だって検討するって」

「……は、廃刊？」

「それって『マチ・フレ』がなくなっちゃうってことですか」

「札幌は二〇〇万人の大票田で、まだまだ可能性があるって言ってたじゃないですか」

「既存のクライアントさんだって困るし」

「デジタルな広告手段が多様化する時代だからこそ、地域に密着したアナログな広告活動が必要だって」

「お前ら、いいかげんにしろ！」。嶋課長が一喝する。

「これだけのマーケットがあるのに、俺らは苦労しているじゃないか。毎月ひいひい言いながら数字を積み上げて。それでも、ついこの間までは、グループの達成記録を更新していたんだ。ここ二号だ、急に未達になったのは」

そう言って嶋課長はトップ営業マンの陣内をじっと見た。いや、ついこの間までトップ営業マンに君臨し続けていたが、突然、営業数字を積むことができなくなった陣内を。

しかし、陣内はうつろな目で窓の外を見ている。

「なあ、陣内どうした？　先月と今月、お前の数字は目標に届かない。それどころか、六〇パーセント台じゃないか。これは年間契約の分だろ。つまり、新規契約がないってことになる。どうしたんだ？　スランプか？」

こういう個人のメンタルにかかわる話を、メンバーがずらりと揃う営業会議の真っ最中に、当の本人に聞けるのが、嶋課長の嶋課長らしいところだ。陣内はキャラメルラテを机に置いて椅子に座り直した。

「スランプ……っていうわけじゃないですよ。ただ、ふと気づいちゃったというか、あほらしくなっちゃったというか」

別人のような話し方をする陣内を、みんな息を殺して見つめている。

「課長、僕が数字を追いかけなかったら、僕の価値って何なんでしょうね」

「は？　お前は何を言っているんだ？」

「口八丁手八丁、クライアントから予算を引き出すのが得意な僕って、何のために存在しているんでしょうか」

「何のために存在？　ばか言え。社会人たるもの、目の前の仕事がすべてだ。結果を出すまでとことんやる、それで給料をもらっているんだ。子どもじゃあるまいし、どうしたんだ？　価値も何も、まずは責務を果たすのが筋ってもんだろう」

「課長はタフですね。こんな数字至上主義の会社で管理職やっているんですもんね。僕はもう、きつくなってきました」。そう言って、ため息をついた。

「お客さんのことが、数字にしか見えない。疲れちゃったんです、そんな自分に」

「……お前の言うことも、わからんでもない。改めてゆっくり話を聞こう。でもな、これだけはみんなにも言いたい。広告営業って、数字を追いかけるだけじゃないんだ」。嶋課長は、真剣な表情で語りかけた。

「たくさんのお客さんが『マチ・フレ』に広告を掲載してくれることで、『マチ・フレ』の情報の量と質が高まれば、媒体価値も高まっていく。そうすると読者がついてきて、広告の効果もまた大きくなる。持ちつ持たれつの関係じゃないか。そうやってお客さんのパートナー的存在になっていくんだよ」

会議室は静まり返ったままだ。

「課長」、陣内が突然立ち上がる。「アポがあるので失礼します。今日は直帰します」

パタンと閉じられたドアを、嶋課長はただ見つめるだけだった。

会議が終わるやいなや、柊介は陣内の携帯に電話をかけてみたが、つながらなかった。夜、また自宅でかけてみたが、だめだった。留守電に入れる言葉さえ見つからなかった。

柊介は自宅のソファに座り込んで、深いため息をついた。

（陣内……いまどんな気持ちでいるんだろう）

黙って会議室を出て行った友の背中が思い出された。

「僕に数字を任せて少し休めよ」、そう声をかけてやれたら、どんなにいいか。しかし、迫り来る締日を前に、陣内のカバーはおろか、自分の目標達成すら危ういのだ。

陣内の悩みは、他人事ではない。柊介にも、顧客が数字に見えることが増えていた。若いメンバーたちも、やっとの思いで毎月を過ごしている。

創刊以来、みんなで目標数字を追いかけ続けてきたチームに、危ういほつれが出てきたように思われた。何かをしっかりと整えなければ……。そう思うものの、整えるべきは何なのか、柊介には皆目見当がつかなかった。

柊介は目を閉じて考えた——。何か重要なことを見逃している。それは何なのか。何をすればよいのか。出口の見えない、憂鬱《ゆううつ》な夜だった。

「汝の時間を知れ」

正月休みが明け、新年初のドラッカー読書会が開催された。

司会進行役の東堂は赤いネクタイを締め、いつもよりも心もち華やかだ。

「みなさん、明けましておめでとうございます。今年も一緒に、ドラッカーを学んでいきましょう。よろしくお願いいたします」

すると、老画家が「ちょっと、いいでしょうか」と、やおら立ち上がった。

「こうしてわがままで見学に来させてもらっているお礼と言いますか、これも何かの縁かと思いましてねえ。みなさんにお渡ししたいものがあります」

一人ひとりに配られたのは、白木で額装されたポストカード大の水彩画だった。

「峰森さん、もしかして全員に描いてきてくださったんですか」

その画家が、峰森重三という名前であることを、みな初めて知ることになった。これまで、ただの見学者だからと、片隅でおとなしくしていたのだ。

「すごい、これ、ぜんぶ青い！」。星はるかが言うように、峰森の絵の色彩は、すべてブルー系統だった。具象的なものではなく、色のグラデーションが描かれている。

「うわぁ、こんなの初めて見ました」。普段控えめな杉並柊介が、思わず歓喜の声を上げた。

「あんたは深い青がいいような気がして、暗めにしたさ」

「えっ。人それぞれ、色が違うんですか？」

「絵は、人に寄り添うからね。その絵があんたのとこ行きたいって言うから、そうしたよ」

誰もが自分のところへ来た絵に、じっと見入っていた。いまの自分の心象風景にふさわしい青が寄り添いに来たような、不思議な感覚だった。

「ありがとうございます、峰森部長」。東堂が深々と頭を下げた。

「えっ、部長？」、堀川徹が驚くと、峰森は手を軽く挙げて制した。「さ、時間を食っちゃったから、始めてくださいよ、先生」

東堂は、峰森に会釈すると、会の進行に戻った。

「みなさん、『経営者の条件』第2章は読んできましたね。ここからが、いよいよ本番です。成果をあげるために身につけるべき五つの能力が、章ごとに明らかにされていくわけです。第2章のタイトルは『汝の時間を知れ』。要するに、時間管理についての章です。さあ、誰から行きましょうか……。では、堀川さん、お願いします」

堀川徹が本を片手に、線を引いてきた箇所を読み上げた。


通常、仕事についての助言は「計画せよ」から始まる。もっともらしく思えるが、問題はそれではうまくいかないところにある。計画は紙の上で消える。よき意図の表明に終わる。実行されることは稀である。

私の観察では、成果をあげる者は仕事からスタートしない。時間からスタートする。計画からもスタートしない。時間が何にとられているかを明らかにすることからスタートする。次に時間を管理すべく、時間に対する非生産的な要求を退ける。そして最後にそうして得られた自由になる時間を大きくまとめる。（p.46）

「妻にもよく怒られるんですが、自分、どうにもせっかちなんです。すべてを大至急やろうとしてしまう。この文章を読んで改めて、いきなり仕事に取りかかるのではなく、まず時間をつくり出すことのほうが先だと気づきました。でも正直、余裕がなくて……」

「堀川さん、ありがとうございます。冒頭のとても大切な一文を読み上げてくださいました。ではこの章について少し説明します」

東堂はホワイトボードに「時間」と書いた。

「汝の時間を知れ——神々しいタイトルですよね。原題は“Know《ノウ》 Thy《ザイ》 Time《タイム》”と言いまして、古代ギリシャの格言『汝自身を知れ』、“Know《ノウ》 Thyself《ザイセルフ》”を意識してつけたようです」

(深いなあ……) 柊介は悠久の結びつきに思いを馳せた。

「成果をあげる能力について具体的に読み進めていこうとする私たちに、まず、ドラッカーからの高らかな警鐘が鳴り響くのです——汝の時間を知れ、と。時間について知ることは、第一に挙げられているほど、重要なことなのです」

そう言うと東堂は、丁寧な字で三つの言葉をホワイトボードに書き加えた。

時間
・記録する
・整理する
・まとめる

「時間管理において重要なアクションが、記録する、整理する、まとめる、の三つです。まずは現状把握です。記録してみないことには、何にどれぐらい時間を使っているか、わかりませんよね。記憶はあてになりません。記憶より記録、です。だからリアルタイムに記録するのです」

（記憶より記録、か）徹が思わずうなった。

「こればっかりは、やってみないとわかりません。現実は、自分の予想とかなり違っていると思いますよ」。東堂はニコっと笑う。

「ドラッカーは、年に数回、数週間にわたって自分の行動を記録するよう、勧めています。私も半年に一度、パソコンのスケジューラーで、一〇分刻みで約二週間分、記録するようにしています。手帳につけたり、ノートをつくる人もいますね」

（うーん、けっこう面倒そうだな）と徹が眉間にしわを寄せる。一方の夏子は（今度、記録用に大きめの手帳を探しに行こう）と前向きな様子だ。

「記録すれば、いらないものが明らかになります。まとめられるものも見つかるでしょう。そうやってかたまりの時間をひねり出し、真になすべきことに使うわけです」

東堂はホワイトボードの文字を指し示して言った。

「ドラッカーは、時間に対する愛情ある配慮ほど、成果をあげている人を際立たせるものはない、と言います。なすべきことをなすためには、まず時間の確保が不可欠です。時間は成果をあげるための燃料なのです」

「はーい！」と元気よく手を挙げたのが、アイドル志望の高校生、星はるかだった。「私はここがすごいと思いました！」

する必要のまったくない仕事、何の成果も生まない時間の浪費である仕事を見つけ、捨てることである。すべての仕事について、まったくしなかったならば何が起こるかを考える。何も起こらないが答えであるならば、その仕事は直ちにやめるべきである。（p.58）

「する必要のまったくないこと、何の成果も生まない時間って、私の場合、何かなって考えてみたんです。それで、ゲームの時間をやめてみました。まだ三日しか経ってないけど。えへへ」

「すごいじゃないか、はるかさん」、東堂は目を細めた。

「時間を浪費している非生産的な活動を見つけて整理すれば、新たな時間を生み出すことができますね。そこで二つ目のアクション、活動の整理について説明しましょう」

女子高生に負けじと、夏子のメモをとる手に力が入る。

「まず一つ目が、はるかさんがやったように、その活動自体を〝やめる〟という方法です。忙しいと嘆く人の多くが、実はやめても問題のないことに時間を費やしています。会議、打ち合わせ、会合、パーティ……それは本当に参加すべきでしょうか。実は成果に関係ないものも多々あるのではないでしょうか。プライベートの時間においても、ゲームやテレビ、何となく惰性で行く飲み会など、非生産的な活動があるかもしれませんね」

「それから二つ目」、東堂は指を二本立てた。

「〝人に任せる〟です。あなたに限らず、他の人でもやれることがあるはずです。ずっと同じ業務のベテランでいいのでしょうか。後輩にその仕事を譲れば、自分は新たな成長のために、自分でなければできない仕事に挑戦できるようになります」

東堂は参加者を見渡して言った。

「こうして時間を整理すれば、おそらくいくつもの浮いた時間ができるはずです。それをなるべく、大きなかたまりにしてください。本当に重要なことをじっくり考えるには、細切れの時間ではできません……」

「私たち知識労働者にとって、時間は貴重な資源です。この代替不可能な資源にどう向き合うか――これが、第一番目の成果をあげる能力なのです」

徹は腕を組み、低い声でうなっていた。

時間がない！

田山りょうが野菜シチューを持っていくと、一階のテーブル席で歓声が上がった。

「わあ、彩りがきれい！」

「ここのシチュー、美味しいのよね」

〈カフェプレミアン〉は開業以来、ぽつぽつとリピーターが増えてきていた。堀川徹はありがたいと思いながら、カウンターでコーヒーを淹れている。「りょう、二階席のオーダー、上がったよ」

さて、と。徹がかすかなため息をついたとき、レジに置いてある電話が鳴った。

「はい、お電話ありがとうございます。カフェプレミアンでございます。ああ、どうもこんにちは、堀川です。ええ、その件ですよね、ぜひお話を聞きたいと思っておりましたが……。えっ、いまからですか？　えーと、はい、じゃあお待ちしてます」

徹はあわただしく電話を切った。

「誰か来るんですか?」、りょうが声をかける。

「ほらあの、前にりょうが電話受けてくれたホームページ制作の人だよ」

「外注するんですか」

「値段とクオリティ次第だな。まあ、話を聞いてから判断するけど」

りょうは何か言いたげな顔で、おずおずと切り出す。

「今日は夕方にミニコミ誌の取材も来ますよ」

「わかってる」

「そういえば、メニューブックに誤字がありました」

「そうか、直さなきゃな」

「それから、そのホームページですけど、クリスマスのままになってます。もう正月も過ぎましたし……」

「ああああ、もう、何だってこんなに忙しいんだ」

時間がない。なのにどんどん用事が溜まる。やりたいことが何もできない。徹のイライラは最高潮に達しつつあった。

ドアが開いて来客を告げるベルが鳴った。

「いらっしゃいませ!」、徹が出ていくと、二〇代とみられる男性が立っていた。新人の営業マンだろうか。しどろもどろで汗をかきながら話し始める。

「あの……、すみません、ただいま、お得な電話回線のご案内に回っております。数分で結構ですので、お時間を頂戴したいのですが……。社長さんはいらっしゃいますか」

徹の顔がみるみる紅潮していった。

「お時間、ありませんね。申し訳ないけど！」。けんもほろろに返すと、営業マンは一目散に退出していった。

あまりの対応に、りょうが呆れ顔で徹を見る。

「……ちょっと俺、上で仕事してくるわ。ホームページ制作の人が来たら呼んでくれ」

徹は疲れたように二階のオフィスに消え、背中を丸めて椅子に座り込んだ。

（まずい、営業活動に行く時間が全然ない）

血の気が引く思いだった。念願のカフェ開業に燃え、早朝から夜更けまで働いているつもりだった。しかし実際には、雑事にばかり時間を取られている気がする。カフェプレミアンが軌道に乗るまでの道筋を、何百もの手が邪魔しているかのようだ。

（何でこんなに時間がないんだ……）

徹はふと、この間の読書会を思い出した。バッグから『経営者の条件』を取り出し、第2章をぱらぱらとめくる。

（ええと、時間をつくり出すにはどうすればいいんだったっけ……）

知識労働者が成果をあげるための第一歩は、実際の時間の使い方を記録することである。

(p.57)

「ああ、まずは時間の記録だったな……。でもそんな余裕ないわ。こんなくそ忙しい状況で、できるわけがないっての」

ぶつくさ悪態をつく徹の脳裏に、東堂の台詞がよみがえった。

――記録すれば、いらないものが明らかになります。

――まとめられるものも見つかるでしょう。

――そうやってかたまりの時間をひねり出し、真になすべきことに使うわけです。

「その、時間を記録する時間がないんだよ……」

徹はふうっと息を吐き出した。今日も帰りは夜半過ぎになりそうだった。

徹が疲れ果てて自宅に帰ると、すでに日付が変わっていた。そっと音を立てずにアンの寝室を覗いてから、ダイニングで妻に声をかける。

「腹減った……」

「こんな時間まで食べなかったの？」

「店閉めたあと、パソコンに向かっていると忘れちゃうんだ」

「そう。こんな夜中じゃ胃にもたれるから、おうどんにするわ」

礼美が運んできたうどんには、大きな梅と溶き卵が入っていた。

「こりゃ美味そうだ……いただきます」。徹は無心になってうどんをかき込んだ。

「アンは元気か」

「いやあねえ、一緒に住んでいるのに、もう何日も娘の顔を見ていないなんて」

「いまだけだ。しばらく朝早くて夜遅いからなあ。休みもないしなあ」

礼美は不安そうにため息をつく。

「あなたが大きい保険会社に勤めていたから安心して結婚したけど、まさかこんなことになるなんてねえ」

「おい、何だよ。まだ倒産もしていないし、借金苦にもなっていないぞ」

おどけてみせる夫に、礼美は困ったような顔で返した。

「アン、元気ないのよ」

「えっ」

みるみるうちに礼美の目に涙が溜まった。

「アン、元気ないの。いじめられているみたいなのよ。ダンス部をやめさせられたわ」

食べているうどんが、逆流しそうになった。

「何だって？　いつだよ、いじめって何だよ！」

徹は妻を問い詰めながら、いつだかの夕方の光景が脳裏をよぎった。たしか、アンはこう言っていなかったか――パパは会社をやめさせられたの？　やめさせられたんじゃないならいいよね、と。

（何てことだ！　あのときちゃんと話をしていれば……）

思い返せば、たまに二一時頃に帰宅したときも、アンの寝室は真っ暗だった。てっきり眠っていたのかと思ったが、そうじゃなかったのか。

（アン！）

アンの寝室に駆け出さんばかりの徹を、礼美が制した。

「いまは寝ているわ。寝させてあげて。私も先週気づいたのよ。私がつくってあげたダンス用の巾着、ハサミでずたずたに切られていた。細切れになって、スクールバッグに入っていたの。だから私、バッグのなかを探したのよ。そうしたら、これが」

礼美が差し出した水色のメモ帳に、ピンクのペンで短い言葉が書かれていた。


〝ねっけつアンうざい。ダンス部にイラネ〟


怒りで徹の脳みそは沸騰寸前だった。自分に似た性格の娘は、きっと部活でも情熱的なのだろう。決してスマートに振る舞うタイプではない。しかし、それをこんなふうに排除するとは。徹は少女たちの冷たさにぞっとした。

「熱血の、何が悪いんだ」

「熱血だけじゃないのよ。地区予選の個人戦に何人か出られるんだけど、アンは個性的な踊りをするので、抜擢されるという噂があったの。でも、それでこれまでのエース的だった子が落選しちゃ困るってことになってね。まじめにルール通りやってきた一派にとっては、自由に踊るアンが評価されるのは許せないんでしょう」

「どうすればいいんだ、俺たちは。そのエースの子の親と話すか？」

「やめてよ！　絶対だめよ、そんなこと！　親の頭越しにねじ込んだって、よけい陰湿化するだけだわ」

徹はうなだれた。

「でも、私は絶対に、何があってもアンを支えるわ」。礼美は静かな口調で続けた。

「この話、もっと早くにしたかったのよ。いま、あなたが忙しいのは理解しているつもり。でもね、朝早く鉄砲玉みたいに出て行ったきり、夜中にくたくたに疲れて帰ってきて……。お休みもないからなるべく寝かせてあげたいけど、もう少しでいいから、アンや私と話す時間もつくってほしい。家族にだって、時間は必要なのよ」

静まり返ったダイニングに沈黙が続いた。

時間がない、なさすぎる。徹は体がいくつあっても足りない気がした。

「どのような貢献ができるか」

二月の「ドラッカー読書会」の日。いつものようにリザルト学習塾のドアを開けると、教室の半分が帽子に占拠されていた。

「わあ、何これ！」、はるかが歓声を上げる。

「この帽子、レースがついてて、すっごくかわいい」、夏子も目を細める。「東堂さん、帽子屋さんでも始めたんですか？」

東堂が奥からニコニコ笑いながら出てきた。

「ああ、実は明日の午前中、ここで帽子作家の方の講座があるんですよ。その準備もあって、散らかっていてすいません。今日の読書会は奥のテーブルでやりましょう」

「ここ、学習塾だけじゃないんですね」

「午前中は教室が空いているので、近隣の方々に開放しているんです。ご自身の能力を発揮してくれる場になればいいなと思いまして。この帽子作家の方は、塾生のお母さんなのですが、最近すごく人気なんですよ」

「へえ、東堂さん、そういう活動もされているんですね」

「この塾の存在が誰かが輝くことに関与できたら、それが何よりの幸せなので……。さあ、時間ですね。始めましょうか」、東堂が声をかけると、みな席に着いた。

「さて、今回は第3章『どのような貢献にできるか』ですね。その前に、何か質問や報告があれば、先に伺いましょうか」

「センセイ、ひとつ報告してもいいですか?」、はるかがいたずらっぽく笑った。

「この間の話の続きなんですけど。バイト先の喫茶店で、アイドルもいいけどお店にも貢献してよって店長に言われて……」

「そうでしたね」

「それで私、あの後、直接聞いてみたんです。この喫茶店の成果って何ですか? 私にもできることありますか? 私、貢献できますか? って」

東堂がにっこり笑って先を促した。

「店長、びっくりしていましたよ! あんな顔見たの初めて。でも、スパっと即答してくれました。うちの店の成果は、お客さんが過ごしたいように過ごしてくれることだよって」

(ほお……) 堀川徹が身を乗り出す。

そして店長は、せきを切ったように語り始めたのだと言う。

「あの窓際のお客さんは高校生だろうね、参考書を開いて真剣に考えている。そっとしておいてほしいだろうな。奥にいるおばあさんは、よくこの時間帯に来るよな。お孫さんの話をするのが大好きだ。ニコニコしてこっちを見ているのは、手が空いたら話しかけてちょうだいね、という意味だ。カウンターの男性、あの人はコーヒーに詳しい。ほら、豆の棚をじっと見ているだろう。香りや味をじっくり楽しんでいる。たまに私とコーヒー談義に花を咲かせるときもある。

いいかい、はるかちゃん。お客さんが来たら、静かに観察するんだ。じっと見つめたらいけない、さりげなく、だよ。その振る舞いから、うちの店でどんな時間を過ごしたいかを想像してみる。それを、はるかちゃんが提供するんだ。感性がなければできないし、間合いも大事だ。お客さんに合わせて、表現力とか演技も必要になるかもしれない。いいレッスンになると思うよ」

店長の口真似をひとしきり終えると、はるかは頬を上気させて東堂に話しかけた。

「だから私、実際にやってみたんです。そうしたら、お客さんたちの反応がガラっと変わりました。これまでは単にお姉さんって呼ばれていたのに、常連さんがみんな、はるかちゃんって呼んでくれるの。この間なんて、はるかちゃんはこの店のアイドルだね、だって！」

「夢、叶ったじゃないか」、思わず徹がからかう。

「ふふふ。働くのが楽しくなってきました。ドラッカー、すごいです。東堂センセイ、ありがとうございます！」。ペコリと頭を下げた拍子に、ポニーテールがぴょんと弾んだ。

東堂は『経営者の条件』を掲げて、響き渡る声で話し始めた。

「まさに今日のテーマ〝貢献〟に関するものですね。はるかさんが素敵なガイドをしてくれたので、このまま説明に入りましょう。みなさんは自分が属している組織の成果にどのような貢献ができますか」

東堂の問いかけは深いところを突く。みなそれぞれに考え込んだ。

「貢献は原書ではContribute《コントリビュート》と書かれています。与える、寄付する、貢献する、という意味です。組織の成果に対して、一メンバーである自分が何かを差し出しているようなイメージでしょうか。ここが食い違っていると、個人の動力と組織の成果が連動しなくなってしまいます。せっかく個々人が頑張っていても、空回りしてしまうかもしれません」

杉並柊介は感じ入ることがあって、顔を上げた。

「どなたから発表しましょうか。杉並さん、どうですか」

「あ、はい」、柊介が姿勢を正して本を開いた。「僕はここです」

成果をあげるには、自らの果たすべき貢献を考えなければならない。手元の仕事から顔を上げ目標に目を向ける。組織の成果に影響を与える貢献は何かを問う。そして責任を中心に据える。
(p.78)

「僕ら広告営業は毎月、目標数字に追われています。みんな余裕がなくて、話しかけられてもパソコン画面を向いたまま答えたりしているんです。目の前の仕事しか見えていない、そんな状況でいいのかな、と。ただ、『組織の成果に影響を与える貢献』という箇所が引っかかって……そもそもうちの成果が何なのか、それすらもわからなくなってきました」

突然ポキッと心が折れてしまったトップ営業マン、陣内光秀の様子を思い出し、柊介はまた胸が苦しくなった。

「杉並さん、ありがとうございます。成果とは何か——とても大切な問いだと思います。そこでまず、成果と貢献、これらの言葉について説明しましょう。『経営者の条件』のなかでは、特に言及がない限り、このような意味だと思ってください」

・成果＝組織の成果
・貢献＝組織に属する個々人が行う、組織の成果への貢献

「会社であれ、ＮＰＯであれ、部活であれ、組織には目標がありますよね。その実現に向かって、私たちはそれぞれの組織に参加しているわけです。そこで自分が果たすべき貢献は何か——。毎日時間に追われていると、つい、自分の手元の仕事だけに意識が集中してしまいます。この仕事さえ終わればよい、というふうになりかねません。そこでぐっと目線を上げて、そもそもいまやっているこの仕事は、成果につながっているのか、と考えるわけです。そうでなければ、せっかくの努力も無駄になってしまうかもしれません」

ここで東堂は、柊介のほうに向き直った。

「杉並さん、先ほど、成果が何なのかわからなくなった、とおっしゃいましたね」

「はい、目標は営業数字なのですが、でも、数字を達成すれば済む話なのか……。先日、同期が疲れ切った様子で言い捨てたんです、お客さんの顔が数字にしか見えないって。それでわからなくなったんです。成果って何なのかって」

「そうでしたか……」

東堂は一呼吸置いてから場を見渡した。

「直接の答えになるかどうかわかりませんが、私もちょっと、個人的な話をさせてもらいますね。私も昔、営業数字に厳しい会社で働いていたんです。当時のメンバーにとって、毎月の目標達成がすべてでした。まさにお客さんイコール数字、でしたよ。ですが、あることを機に、一八〇度考えが変わりました。ね、峰森部長」

画家の峰森重三は、含みのある笑いを返してみせた。

「みなさんの学びのために、部長の話をさせていただいていいですか」

東堂が訊ねると、峰森は肩をすくめ、「くだらん話だけれど」とあごをしゃくった。

「当時、その会社で峰森部長と言えば、泣く子もだまる鬼部長でしたよ。あるメーカーの販売代理店だったのですが、全国でも売上はトップクラス、表彰台の常連で、メーカーさんからの信頼も絶大なものでした。それはひとえに、峰森部長の情熱的な営業活動あってこそ。夜討ち朝駆けも何のその、まさに二四時間働く企業戦士でした」

老画家の意外な過去に、みな驚きを隠せずにいる。

「売上記録を打ち立てては自分で塗り替えていく姿に、みな憧れたものです。だから、峰森部長率いる営業二部に配属されたときは興奮しました」

「だけど、お前が配属された直後だったな、俺が倒れたのは」、峰森がくつくつと笑う。

「何でこんな話を蒸し返すのかわからんが、まあ仕方ない。みなさん、私はこちらの東堂先生のかつての上司というわけですわ。私が栄華から転げ落ちていくブザマな様子を、この人は見ちまったわけです」

「そんなことはありません。私はあれで人生が変わったんです」。そう言うと東堂は、参加者のほうに向き直る。

「峰森部長は、ある日、心身ともに限界を超え、倒れてしまいました。ちょうど配属されたばかりの私は、入院中の部長に書類やら何やらを届ける役になりまして。いろいろ話を聞くうちに、数字がすべてだと思っていた私の常識が、だんだん変化していきました。そのときの言葉は、いまでも忘れません」

気恥ずかしいのか、峰森は目を閉じている。

「部長はこう言ったんです――東堂、ドラッカーという人が言っている。成果は外にある、とな。俺は内部、つまり社内の指標である営業成績という成果だけを求めて、全エネルギーを注いできた。どれだけ数字を上げるかだけを考えてきた。だが俺は、社会につながってなかったんだよ。自分でニンジンをぶら下げて、そのニンジンを追いかけていただけだった。とんだ独り相撲だ――と」

「もういいだろう、それくらいで」、峰森がかぶりをふった。東堂がうなずく。
「みなさん、それから私は、ドラッカーの言葉を探し始めました。ちょうどそのころ手にした雑誌にドラッカーが特集されていましてね、のめり込むように読みあさりました。そうして、私の仕事に対する考え方が変わっていったんです」
改めて東堂は『経営者の条件』を手に取ると、三一ページを開くよう促した。

組織の中に成果は存在しない。すべての成果は外にある。

(p.31)

そして、先ほどのホワイトボードに言葉を書き足した。

・成果＝組織の成果　↓　成果は外にある
・貢献＝組織に属する個々人が行う、組織の成果への貢献

「組織の外、つまり社会に変化を起こすことが成果である――ならば、自分の力を使って世の中に対して何をなすか？　そう意識するようになって、仕事ががぜん面白くなりました。余談ですが、〈リザルト学習塾〉という名前は、『成果は外にある』ことを肝に銘ずるために付けたんです」

「そっか。〝成果＝リザルト〟か」。参加者がうなずき合う。

「学習塾も、この読書会も、明日の帽子作家さんの講座も、外に変化を起こす存在でありたいという想いで続けています」。そう言うと東堂は柊介に問いかけた。

「杉並さんの組織にとっての成果は何でしょうね」

「成果は外にあるんですよね」

「そうです。はるかさんのアルバイト先で言えば、喫茶店の売上でしょうか？」

「いえ、お客さんたちが過ごしたいように過ごすこと……」

（そうだ。毎月の営業数字は、あくまで社内目標だ。陣内も自分も内側だけを見て、ニンジンを追いかけていたんだ……じゃあ、うちの『マチ・フレ』が目指すものって何だ？）

「みなさんの組織は、外、つまりお客様や社会に何を差し出すためにあるのでしょうか。それこそが、組織の成果なのです。答えは簡単に見つからないかもしれません。でも、いつもの仕事から目線を上げてみてください。視野を広げてみてください。必ず見つかるはずですよ」

柊介は後ろ頭をパーンと叩かれたような衝撃を味わっていた。その様子を、峰森が温かく見つめていた。

倒産なんてさせるものか！

もしかしたらこのまま倒産するのかもしれない——不吉な思いを追い出すように、青柳夏子は頭を振った。

いままさに、オフィスのそこかしこに散乱する段ボールと格闘している真っ最中だ。また爪が割れた。ストッキングも伝線している。夏子は周りに気づかれないよう、そっと肩でため息をついた。

ノース銀行の大幅な受注キャンセルによって倒産の危機に瀕した〈ポテンシャル〉は、経費削減のため、札幌駅前の好立地の物件から、広さも家賃も四分の一の、駅からだいぶ離れたオフィスへ引っ越すことになった。なるべく経費をかけないよう、荷造りも移動も、できる限り自分たちでやる。

おしゃべりに気を取られる女子に「ほら、手が止まっているわよ」と急かし、箱を抱えて右往左往する男子に置き場所を指図し、外部からの問い合わせに答え、大忙しだ。

かつて三十数名いた従業員は、もう八人しか残っていなかった。北原社長は事業縮小のため依願退職者を募り、たくさんのメンバーが我先にと転職していった。

特に三〇代の行動は早かった。飲み会の度に北原社長の横に陣取って愛想よくお酌をしていた営業マンは、いち早く転職先を見つけて辞めた。競合の研修会社に履歴書を持っていった者もいた。

ボリュームゾーンの四〇代も、一人残らずごっそり辞めた。子どもの教育費がかさむ責任ある年代であり、収入を途絶えさせるわけにはいかないのだろう。しかし、それだけではないように夏子には思われた。

北原には、本当の意味での右腕はいなかったのかもしれない。こういうとき、一緒に立ち向かってくれる戦友のような人間が……。あまりにも鮮やかな、みんなの変わり身の早さに、夏子は北原の孤独を感じずにはいられなかった。

(倒産なんてさせるものか！　私は北原社長の味方だわ)

その北原は出張で不在だった。金策に駆け巡っているであろう北原に負担をかけないよう、夏子はしっかりと留守を預かるつもりでいた。

「ねえさん、お茶淹れますけど何がいいですか？」

いつのまにか、夏子が北原の次の年長者になってしまった。残っている若いメンバーたちは、お笑い界の影響なのか、夏子をねえさんと呼ぶ。

——社長！　何でもかんでもやってみましょうよ。思いつくことを全部やってみましょうよ。一〇個やってだめだったら、一〇〇個やってみましょうよ！

あのとき北原社長に言った言葉を思い出す。もはや、指示待ちで不満だらけだった気持ちはどこかへ行ってしまった。不謹慎だが、場を得てはりきっている自分を最近ひしひしと感じる。仕事や人生に対する考え方が、この短期間で明らかに変わっている。

「ありがとう、ほうじ茶がいい。ねえ、みんなちょっと休憩して集まってほしいの」

メンバーたちが大きな打ち合わせ机のまわりに腰かけた。

「私、考えていることがあるの」

「何ですか、ねえさん」

「ノースさんのことなの」

ノース銀行はかつての最大の顧客だった。北星銀行に吸収合併されることとなり、年度末までの研修がすべてキャンセルされた。そのせいで倒産の危機にあえいでいるのだ。

「ノースさんに納品していたうちの研修は、二〇年のノウハウをつぎ込んだ、すばらしいものだったと思うの。でも北星銀行さんは、自分たちが長年使ってきた研修があるから、それで統一しようとしている。だけど、どちらの研修内容がいいか、検証していないんじゃないかしら」

「まあ、吸収する側ですもんね」。あきらめ顔でみんなうなずく。

「ということは、よ」。夏子が指を立てた。「検証さえしてもらえたら、うちにもチャンスが出てくるんじゃないかしら。内容はいいんだから」

しかし、みんな沈黙したままだ。

若手ばかりになってからというもの、ときどき味わう空気だった。自分だけが前のめりで、みんな羊の群れのようにおとなしい。

とはいえ、まったく無言なわけではない。根気強く促せば、おずおずと口を開く。

「こんな小さい会社のために、あの北星銀行がわざわざ検証なんてしてしますかね」

「もう、スケジュールも決まっているでしょうし……」

「北星の研修会社だって必死じゃないですか」

あきらめムードが暗雲のように立ち込めている。

「そうかなあ、私も何度も考えた。でもね、可能性はゼロじゃないのよ。だったら、やってみるべきだと思わない？　どうせ私たち、暇だもんね！」

明るく振る舞う夏子の言葉にも、周囲は静まり返ったままだ。

「よーしっ！」

そのとき突然、明るい声が響いた。「ねえさんが本気なら、僕もやっちゃおうかな！」

翔平という、もうすぐ三〇歳の男性社員だった。持ち前のノリのよさで、オフィスのムードメーカー的存在だ。

つられて、他のメンバーも硬い表情がやわらぐ。

「たしかに、ダメもとですもんね」

「ひょっとしたら、ひょっとするかも？」

思わず、夏子も勢いづいた。

「ね、やってみようよ！　受け身で待っていてもしょうがないって」

そんな夏子を見て、翔平が笑った。

「しかしねえさん、変わりましたよね。何かあったんですか」

夏子は驚いて答えた。

「え、わかる？　私ね、ドラッカーの勉強を始めたの。すごく刺激を受けているわ」

「そうなんだ。きっと面白いんでしょうね。最近、すごく前向きですもん。こんな状況だけど、ねえさんが残ってくれてよかった」

翔平はちょっとしんみりしたが、次の瞬間には、いつもの調子に戻った。

「で、どんな作戦があるんですか?」

みんなが夏子に注目する。

「名づけて、〝つながり作戦〟よ」、夏子は仁王立ちをしてみせた。

簡単に言えば、人海戦術だった。友だちの友だちをたどって、北星銀行に勤務する人を見つけ、従来の研修について忌憚《きたん》のない意見をもらう、というものだった。

「な、何か地味ですね」

「オーソドックスというか原始的というか」

「個人情報とか、大丈夫ですかね」

ふう、と大げさなため息をつくメンバーもいた。

夏子は思わず憤慨しかけたが、「まあまあ、みんな反対しているわけじゃないんだし」と翔平がとりなすと、すんでのところで落ち着いた。

たしかに、彼らに非があるわけではない。自分だってついこの間までは、不満だらけの指示待ちOLだったのだ。

「ところで、社長のOKは出ているんですか」

「うん、一応ね」

「一応って?」

「今朝、電話で相談したのよ。そうしたら『アホか』って言われた。でも、『やりたいことをとことんやれ、最後までポテンシャルスピリッツで好きにやれ』だって」

「よっしゃ!」、北原社長を敬愛する翔平は嬉しそうだ。「なあ、みんな。やってみようぜ!」

社長の言葉を聞いて、ようやく、みんなの気持ちが上向き出したようだ。

「じゃあ、それぞれ友だちに連絡しましょう。連絡のついたところから、どんどんリストアップしていきましょう」

だが、引っ越しの作業に加えて、新しい作戦の準備である。夜更けまでかかっても目途《めど》がつかなかった。ついに文句が出始める。

「あ~あ、疲れた。今日は観たいテレビがあったのにな」とエリが愚痴ると、「本当にこんなことやって意味あるのかな……」とカナがこぼす。

そんな若手に対するイライラを、夏子も隠し切れなくなっていた。

誰もが疲れていた。もうすぐ終電の時間だった。

みんなでドラッカーを読みませんか？

広告代理店〈フレッシュエージェンシー〉の会議室では、フリーペーパー『マチ・フレ』四月号の営業会議が行われていた。

札幌の二月は、雪が降り積もる極寒の世界だ。しかし室内は暖房がきいており、厚いガラス窓越しに見える外の景色は、異世界のように感じられる。

「さて、四月号の目標数字に二六〇万足りません、と。どうする、陣内の数字はあてにできないぞ」。嶋課長がみんなを見回した。

このところ陣内は直行直帰ばかりで、たまに会社にいても会話を拒絶しているように見える。今日の営業会議も直前になって、アポがある、と出かけてしまった。新規の契約は相変わらず取れていない。

メンバーたちは口々に心配する。

「陣内先輩、大丈夫でしょうか」

「まさか、辞めちゃわないですよね」

嶋課長は大きくため息をついた。

「陣内、お客さんが数字に見えるって悩んでいたな。だが俺は正直、そこまでの気持ちにはならない。お客さんとゴルフに行くのも、お互いの話ができていいもんだし、お客さんが新規出店すると聞けば、一緒にワクワクするけどな。みんなはどうだ？　つらいか？」

「大丈夫です」「問題ないです」、メンバーたちはそれぞれに答える。

柊介だけが無言のままだ。頭の中には、ある考えが浮かんでいた。

陣内抜きに数字を達成できないチームとメンバー。仕事の成果は、組織の内側である目標数字の達成、つまりニンジンだけに照準を合わせている現状——。

スランプに陥った陣内が発している重要なメッセージを、真剣に受け取らなければならない。いま根本から解決できなければ、立ち行かなくなるだろう。

気がつくと、思わずこう言っていた。

「あの……、みんなでドラッカーを読みませんか」

予想外の言葉に、全員がきょとんとしている。

「僕は、『マチ・フレ』も仕事も好きです。だからモチベーションも大丈夫です。でも、もうのんきなことは言っていられません！」、柊介は勢いよく立ち上がった。

「僕たちはこれまで、陣内の数字に頼ってきた。個人が未達でも、グループの数字は達成できていた。でも、もう陣内の数字は見込めないかもしれない。だとしたら、このメンバーでやるしかない。このメンバーで成果があがる組織を再構築するしかないんです」

みな不安そうに顔を見合わせる。天才・陣内がいないいま、ごく平凡な人材しか残っていなかった。

「でも、僕らだって成果をあげる方法はあります。ドラッカーの本に、こう書いてあるんです」。そう言って『経営者の条件』を取り出し、まえがきを読み上げた。

> **成果をあげるために特別の才能や、適性や、訓練が必要なわけではない。物事をなすべき者が成果をあげるには、いくつか簡単なことを行うだけでよい。成果をあげるには、本書で述べているいくつかのことを実行すればよい。しかもそれらを実行するために生まれつき必要なものは何もない。**
> (p.iii)

「この本の通りに実行すれば、誰でも成果をあげられるんです。最近、ドラッカーの読書会に通い出して、手ごたえを感じ始めています。もし受け売りでよければ、社内勉強会をやらせてもらえませんか？　きっとみんなの役に立つと思います」

「俺も社長にすすめられて、ドラッカーは何冊か持っているぞ。忙しくて積んだままだけどな」。聞けば、嶋課長も『経営者の条件』をすでに持っているという。

「ドラッカーって誰ですか？」と若手が訊く。

「おい杉並、説明してくれ」

「はい。ドラッカーは〝マネジメントの父〟〝現代社会最高の哲人〟などと称される偉大な先生です。一九〇九年にオーストリアのウィーンで生まれ、二〇〇五年に九五歳で亡くなりました。著作はゆうに四〇冊を超え、しかも政治・社会から個人の自己管理まで幅広い領域にわたるため、その壮大さから〝ドラッカー山脈〟と呼ばれるぐらいです」

一同があっけにとられて柊介を見た。

嶋課長は分厚い手帳をパラパラとめくる。

「毎週木曜、朝八時から九時半までなら、この会議室が使えるぞ。よし、勉強会をやってくれ。数字はもちろん大事だが、たしかにいまは、みんなの仕事の土台をつくるのが先決だろう。明後日の木曜から、すぐ始めようじゃないか」

柊介は奮い立った。そうだ、メンバーたちに『経営者の条件』をプレゼントしよう。もちろん、陣内の分も。

それから三週間が経った。営業四課のドラッカー勉強会も三回目、第3章「どのような貢献ができるか」に差し掛かっていた。

柊介の説明を聞き、メンバーたちは身につまされているようだった。

「貢献、か。私、目の前のことで必死だった」

「成果は外にある、なんて考えたこともなかった」

おそるおそるこの勉強会を始めてみた柊介だったが、思いのほか評判がよかった。自分では気づかなかった箇所について、意見を聞けるのも面白かった。

「今日は少しフリーディスカッションしましょう。どうですか、ドラッカーの印象は」

いつも元気な二〇代女性が口火を切る。

「私、『もしドラ』は読んだことあったんです。だけど、それ以上は難しそうで行けなかったというか……。でも、杉並さんの説明を聞いて、とっつきやすくなりました」

三〇代の女性も続く。

「言葉はシンプルだけど、けっこう濃厚ですよね。心して読まないと、わかったつもりでも上滑りしてしまって、腹に落ちないというか。杉並さんの説明が加わると、濃縮液をうまく炭酸で割ってくれたみたいで、飲みやすいです。でも、原酒で味わえるようになると、さらに深いんでしょうね」

「あ、わかる！　本物ならではの気品が漂っている感じ」

「そういやウィーンって、芸術の都だよね」

「……まったく、お前らよく言うよ。途中までしか読んでいないのに、ずいぶん立派なコメントだなあ」。嶋課長が言うと、みんなどっと笑った。

おずおずと男性陣が打ち明ける。

「僕は、凡人でも成果があがる、というドラッカーの考え方が刺さりました。陣内先輩に憧れていたけれど、とうてい手が届かないって思っていたから……」

「ほんと、もっと早く読んでおけばよかったよ」

それぞれに、何かをつかみかけているようだ。

嶋課長もゆっくり、しかし響くように話し出した。

「俺も忙しいとつい棚上げしちまうんだが、組織は道具なんだよな。『マチ・フレ』という道具を使って、世の中でどういう役割を果たしたいのか。それを忘れちゃいけないんだ。それで思い出したんだが、社長が以前、社内報にこう書いていたよ」

そして「『マチ・フレ』のミッションとは」という見出しがついた記事を読み上げた。

デジタル化、大資本の展開、グローバル化……。わが札幌を取り巻く環境は、ご多分に漏れず刻々と変化しています。しかしそんな時代だからこそ、地域にしっかり密着する媒体が必要だろうと考え、『マチ・フレ』を創刊しました。

『マチ・フレ』が提供した情報や新たな切り口の提案が、この地域の方々の生活が潤うきっかけになったり、人生に素敵な変化が起きる起点となったりする——。それはクライアント様の夢の実現でもあり、ご商売を応援することにつながります。

常にフレッシュな出会いをご用意している地元密着型の媒体として、ここ札幌で存在感を発揮していきましょう。

人生を変える一ページの集合体——それが『マチ・フレ』の目指す姿です。

人生を変える一ページの集合体。その言葉に、メンバーの心が沸き立つ。

「そう、『マチ・フレ』に掲載される広告は、クライアントの想いなんだ。それが読者に伝われば、生活や人生を変える可能性がある。間接的にでも、誰かの人生に関わるんだ。

そういう気持ちを共有しながら、クライアントと一緒に走っていきたいよな」

いつもは数字の話しかしない嶋課長の熱い語りを、みんな目を輝かせて聞いていた。

「誰かの人生を変える仕事って……」

「何だか、ドラッカー的ですね」

「そうだ！　まさに『成果は外にある』だ！」

「うわ、すげえ、社長の言うことがわかってきたぞ！」

ずっと探していた答えが見つかったようで、柊介も嬉しそうだ。

「僕もそう思います。数字は組織の存続のために必要ですが、追い求める成果はもっと外にあるんですよね」

『マチ・フレ』の広告営業を通じて、クライアントと共に走るパートナー的存在となる。クライアントの想いを読者に伝えることで、札幌の人たちへ生活の潤いや大切な出会いのきっかけを提供する。そんな世界に、メンバーたちは想いを馳せた。

「クライアントの見ている先をもっと見るんだ、そして一緒に走るんだ。その想いが読者に届くと……」

「誰かの生活を変えることになる……」

「そんな営業ができたらすごいかも」

メンバーの意識が、カチっと切り替わった。自分たちが日々やっている仕事の意味に気づいた瞬間だった。

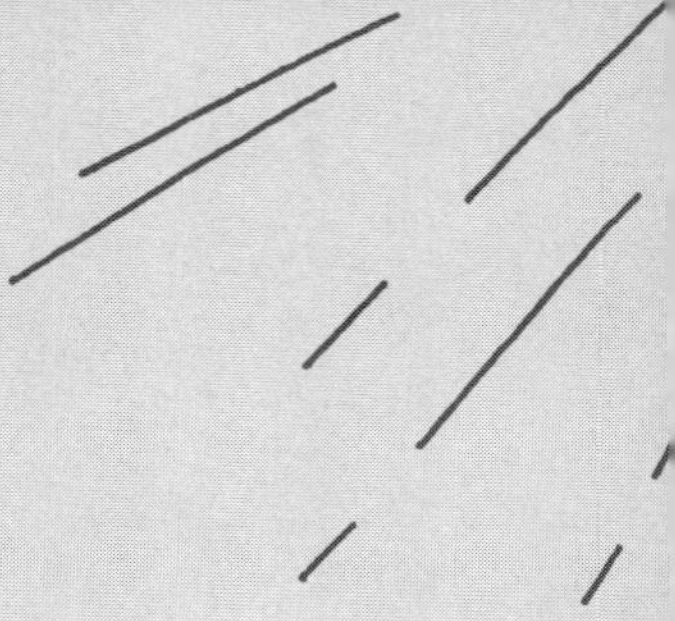

第3章

実践!実践!実践!

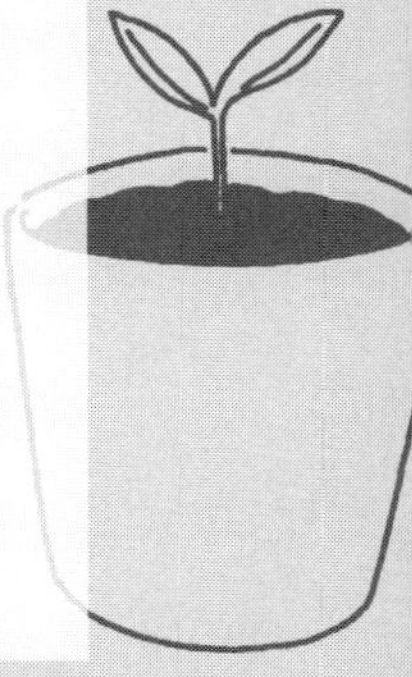

時間を記録してみよう

「ねえ、一日でも休みとれないの？」

今朝、出がけに妻の礼美から言われた言葉が、堀川徹の頭の中に響いていた。

いじめに苦しんでいるアンに少しでも元気になってもらうために、パパとの時間をつくってほしいという、切なる願いからだった。

その緊急性は、徹も理解できている。だが、仕事のほうも、やるべきことは膨大にある。起業してから一日も休んでいない。店の定休日も、溜まった仕事の片づけに当てないと間に合わないからだ。

とはいえ、アンの問題をこれ以上放っておくわけにはいかない。

（やるしかないか。ドラッカーの言う時間管理を……）

徹は観念して、『経営者の条件』を開いた。

時間を無駄に使わせる圧力は常に働いている。何の成果ももたらさない仕事が時間の大半を奪っていく。ほとんどは無駄である。(p.49)

誰でも事情は変わらない。成果には何も寄与しないが無視できない仕事に時間をとられる。膨大な時間が、当然に見えながら実はほとんど、あるいはまったく役に立たない仕事に費やされる。(p.50)

覚悟を決めた徹は、先日の読書会を思い返そうとした。

(たしか時間管理は、記録する、整理する、まとめる、の三段階だったな)

(東堂先生は、「記憶より記録」って言ってたっけ。リアルタイムで記録しろって……)

ちょうど手元に、店舗のレイアウトを考えるときに買った、大判の方眼ノートがあった。これに時間の目盛りを入れて使うことにした。

ドラッカーは「時間の記録の方法については気にする必要はない」と言う。我流でかまわないということだ。徹は一マスを五分に設定し、主に仕事をしている朝八時から夜一一時まで、目盛りを書いていった。

その横に、自分の行動をリアルタイムで記入していく。朝八時、店に到着。空気の入れ替え。自分のためにコーヒーを淹れる。パソコンを立ち上げてメールチェック……。ノートは常に手元に置き、一つひとつ行動をとるごとに記入した。

すると、五分もかからない行動も多かった。そこで、なるべく具体的に把握できるよう、一マスを五等分し、一分単位で書き込むようにした。

ポストに溜まったチラシを捨てようとしてうっかり読んでしまったり、調べものの途中で別のサイトを見てしまったり、案外、流れの中で意識せずにしている行動は多い。こういうところに無駄が潜んでいるのだろうが、無意識ゆえに後からは思い出せない。リアルタイムで記録せよ、という理由が、やってみてわかった。

しかも、必ず書くと決めれば、そのほうがかえって楽だった。あれは記録する、これは記録しない、と分別しようとすれば、その都度いちいち判断しなくてはならないが、すぐ書くことを習慣化すれば、それこそ無意識にできるようになるのだ。

記録の手際も、だんだんよくなる。自分さえわかればよいのだから、よくとる行動については、アルファベットで省略することにした。コーヒーをドリップしている時間はD、仕込みの時間をS、休憩をQと記号化した。

（あれ、俺パソコンに向かう時間を全部Pにしていたけど、メールの返信とか、ホームペ

ージの更新とか、単なるネットサーフィンとか、内容も目的も違うよなあ）

こうして、行動の仕分け方も工夫できるようになった。

時間を記録するようになって一〇日が経った。そろそろ、次の「整理する」段階に進んでもいいだろう。

たしか勉強会のとき、東堂は整理する手段として、「捨てる・やめる」「人に任せる」の二点を挙げていた。びっしり書き込まれたノートを改めて見る。（このなかに、捨ててもいい仕事はあるだろうか……）

徹は一つひとつの行動を丁寧にチェックしていった。

業者のアポイントが思ったより多かった。たいして考えもせず、すべて受けていたからだ。一見しただけでも、半分くらいはメールや電話で済みそうだった。

驚いたのは、開店時間内でもパソコンに向かっている時間が、思った以上に多かったことだ。ちょこちょことホームページの不具合に気づいては直したり、店内掲示物を印刷したりしていた。

また、メールの着信音が鳴るたびに内容を確認し、その都度返信をしていることにも気づいた。メール返信の時間をまとめるだけで、新たな時間を創出できそうだ。

そして何より、ネットサーフィンにかなりの時間を費やしていた。これは意識することで大幅に削減できそうだった。

徹は忘れないように、気づいたことをノートに記入していった。

・捨てる仕事↓メールや電話でできる業者のアポイント、ネットサーフィン
・できる工夫↓業者から連絡が来たら、メールや電話でもいいかを必ず聞く。
パソコンを開く時間帯を決める。メール返信の時間もまとめる。


もう一つ、「人に任せる」ほうはどうだろうか。

他の人間と言っても、あとは田山りょうしかいない。ホールの接客と雑事全般をしてもらっているが、思い返してみれば、店にお客さんがいないときは手持ち無沙汰になる。

しかし、自分が抱えている仕事は自分にしかできないように思えて、任せられるものが浮かんでこない。これは引き続きの宿題とすることにした。

ともあれ、記録をしたことで得た気づきは大きかった。徹はさっそくその日から、「捨てる仕事」と「できる工夫」を実践していった。

効果は絶大だった。何日もやっていくうちに、どんどん行動がすっきりし、前よりも時間に余裕が生まれてきた。次の定休日は休もう、と徹は決めた。

この定休日にどうしても休みたかった理由がある。アンの小学校の開校記念日と重なっていたからだ。親子で休める貴重な機会だ。逃すわけにはいかない。

アンは朝から上機嫌だ。久しぶりの家族での外出に喜びを隠せない。

「ねえ、パパ。今日はほんとにお休みなの？」

「そうだよ。さ、お姫様のお好きなところへお連れしましょう」。徹がふざけて答えると、アンは満面の笑みを浮かべた。「私、パンケーキが食べたい！」

その様子を見て、徹は少しほっとした。さっそくパソコンで評判のお店を探そうとした。

「もう決まってるの、行きたいお店。琴似のレンガカンっていうところ」

「何で知ってるんだ？　お前、小学生なのに」

「ダンス部によく教えに来てくれてた、大好きなお姉さんがバイトしてるの。パンケーキが美味しいよって言ってたから」

「そうか。ならそこに行ってみよう」

カーナビで検索すると、場所はすぐ見つかった。レンガ造りの年季の入った建物だ。『煉瓦館』と書かれた重厚な木製の扉を開ける。天井が高く奥行きのある空間だった。

「あれ？　この絵、見たことある。うちにもあるよね？」

アンが指さした絵は、白木の額に入った青い絵だった。さまざまな青を織り交ぜて描かれている。ドラッカー読書会で出会った老画家、峰森重三の画風に似ていた。

（何でここに、この絵が？）と徹が思った瞬間、

「いらっしゃいませ！」

はずむような声で迎えたのは、何と星はるかだった。

「アンちゃん、どうしたの！　久しぶりだね！　最近見かけないから、どうしたのかと思ってたよ」。そして父親の顔を見たはるかは、目をまん丸くした。「え、堀川さん！」

「……そっか、同じ名字だ！　親子だったんですね。お母さんも、はじめまして！」

徹とアンは、お互いに顔を見合わせる。

「え、パパ、はるかちゃん知ってたの？」

「何だアン、はるかさんを知ってるのか？」

はるかが水とおしぼりを持ってきて、手慣れた様子でテーブルに置いた。

「びっくりしました。どうしてここがわかったんですか？」

「うちのアンが、はるかさんの話を覚えていたみたいでね」

個性的なアンのことを、はるかも妹のようにかわいがっていた。けれど、アンが同級生たちに煙たがられていることは、薄々感づいていた。ダンス部に来なくなって気になっていたものの、連絡先も知らず、ふがいなく思っていたところだった。

「うちはコーヒー目当てのお客様が多いんですけど、実はパンケーキも大人気なんです。アンちゃん、チョコレートソースとキャラメルソースを選べるよ。何なら、両方かけちゃう？　サービスするよ！」

年下の女の子に対するはるかの態度は、ドラッカー読書会とは異なり、優しいお姉さんそのものだった。アンはうっとりと憧れのはるかを見つめていた。

パンケーキは見た目こそ素朴だが、確かな味だった。コーヒーも見事なものだ。どっしりとした焼き物のカップとよくマッチしていた。

（この味……そうだ、保険の営業時代に一回来たことがある）香りと味に誘われて、昔の記憶がよみがえってきた。（しかしパンケーキが評判だなんて、知らなかった）

広い店内を見渡すと、席はおおかた埋まっていた。お昼どきは過ぎているというのにたいしたものだ、と徹はうなる。

窓際では、高齢の女性がくつろいだ様子で読書を楽しんでいる。一枚板を渡したカウンター席には、年輩の男性客が数人いた。奥でコーヒー談義に花を咲かせているのが、店長のようだ。

（お客さんが過ごしたいように過ごしてくれること——それがこの店の「成果」か）

目の前の光景は、まさにその通りだ。繁盛している理由がわかる気がした。

（俺の店の「成果」は何だろう。もっと突き詰めて考えてみないといけないな）

堀川一家は大満足で席を立った。はるかが、あわてて見送りに来る。「今日はありがとうございました。また来てくださいね」

「パンケーキ美味しかった、ふわふわしていて、何枚でもいけちゃいそうね」と礼美。

「ご馳走するから、今度はうちのカフェにもおいで」と徹。

「はるかちゃん、ありがとう！」、アンはまっすぐ見上げてお礼を言った。

「アンちゃん、こちらこそありがとう。中学に行っても頑張ってね。あ、私が通っているダンス教室、中一から入れるんだよ。ＳＤＡっていうんだ。パパとママに相談してみたら」

いじめによってダンスをあきらめたアンに新たな挑戦の場があればと、はるかは両親がいるいまがチャンスとばかり、早口で提案した。

札幌ダンスアカデミー、通称ＳＤＡは、札幌でダンスをしている子どもなら誰もが知っている名門スクールだった。

自宅へ戻る車中、アンがおねだりをした。「勉強するから、SDAに通わせて！」

「でもねえ、お金がかかるから。パパどうしましょう」

「う、うむ……」

いじめでダンスを中断されたアン。アンを気遣ってすすめてくれたはるか。SDAとやらに通わせたい気持ちは、もちろんある。しかし、小学校のダンス部は無料だが、民間のスクールはお金がかかる。コンテストに出るのにも、衣装代や出場費で何十万円もかかるのだと前に礼美がこぼしていたことがある。

「パパのお仕事が軌道に乗ったら考えましょうか。中学二年生までお勉強を頑張ったら、ってことでどう？」「えーーーー？」

小学校六年生にとって中学二年生なんて、遠いかなたのことだろう。心を傷めたまま、得意なダンスへの情熱を失ってしまっていいのだろうか。徹の持ち前の熱血魂がむくりと起き上がった。

「アン、中学生になったらSDAに通っていいぞ」

「ほんと？　お金、大丈夫？」

「パパの仕事はばっちり大丈夫だ。礼美もアンも安心しろ。その代わり、中学の勉強をしっかりやること。ダンスも勉強も手を抜かない、全力投球するのが条件だ」

「はい！　安心して、パパの熱血が遺伝してるから！」

アンの笑顔が二月の夕焼けに染まってオレンジ色に輝いていた。

「人の強みを生かす」

気づくとずいぶん日が長くなっている。ひと冬じゅう路面を覆っていた雪が融け、アスファルトを直接走る車のタイヤの音が春を感じさせていた。

リザルト学習塾では三月のドラッカー読書会が行われていた。

「今月は第4章『人の強みを生かす』を読んでいきましょう。ここでいう強みとは、得意なことと言うよりも、気質や性格に近いです。後天的に修得できることと言うよりは、持ち前の性質、といった感じでしょうか。さあ、今日もお一人ずつ、まいりましょう」

「はい、では僕から発表させていただきます」、杉並柊介が立ち上がる。

結果を生むには利用できるかぎりの強み、すなわち同僚の強み、上司の強み、自らの強みを動員しなければならない。強みこそが機会である。強みを生かすこ

とは組織に特有の機能である。

（p.102）

「僕もはるかさんの真似をして、実践報告をしてみてもいいですか？」

東堂は心得た顔で、どうぞどうぞと促した。

「ここ数週間、社内でドラッカー勉強会を開いているんです。下手ながら僕が解説して……と言っても、東堂さんの受け売りなんですけど」

「杉並さん、ちょっと学校の先生みたいだもんね」、はるかが夏子にささやいた。

「説明が上手だしね。うちに営業に来たときもそうだった」と徹もあいづちを打つ。

「あのとき堀川さんに言われて気づいたんです。わかりやすい説明ができる、というのは僕の強みかもしれないって。それを勉強会というかたちで組織の成果に差し出した結果、うまくいっているのかもしれない——この箇所を読んで腑に落ちました。これからは、ほかのメンバーの強みも引き出していけたらいいなと思っています」

「すばらしい」、東堂が感心した。「自分の強みをきちんと把握している人は、そんなに多くありません。勘違いしていることもよくあります。それは、杉並さんが気づいたように、組織の成果につながっているかどうかがポイントなのです」

そして、関連してこの文章もおすすめです、と東堂は紹介した。

> **強みを生かすことは、行動であるだけでなく姿勢でもある。しかしその姿勢は行動によって変えることができる。同僚、部下、上司について、「できないことは何か」でなく「できることは何か」を考えるようにするならば、強みを探し、それを使うという姿勢を身につけることができる。やがて自らについても同じ姿勢を身につけることができる。**
>
> (p.133-134)

「この『できることは何か』の前に、〝組織の成果のために〟と言葉を補うとよいかもしれません。組織の成果のための貢献を、自らの強みによって行う、ということです。杉並さん、実践報告の続きを楽しみにしていますよ」

柊介の話を聞いて、夏子は〈ポテンシャル〉の仲間の顔を思い浮かべていた。この話はうちにも活用できそうだ。家に帰ったら、みんなの強みを生かすということについて、もう一度集中して考えてみよう。

次の発表者は、はるかだった。「私はここに線を引きました」

オペラの舞台監督は、プリマドンナのかんしゃくには我慢しつつも、プログラムに「トスカ」と書いてあればトスカを歌わせなくてはならない。

(p.108)


「いま通っているダンススクールで、来月、札幌市のコンテストに出るんです。主役にAちゃんが選ばれたのですが、意地悪だし自分勝手なので、みんな文句タラタラなんです。Bちゃんのほうがいいのに、って」。はるかは口を尖らせて話を続けた。

「Bちゃんは明るくて面倒見がいいから、誰からも好かれているんですけど、ただ、ダンスはやっぱり、Aちゃんのほうが断然うまいんですよね……。何かフクザツです」

頬をプクっと膨らませてみせるはるかに、みんな思わず吹き出した。

「はるかさん、ありがとうございます。実は似たような話は、会社でもどこでもあるんですよね」。と言うと、東堂は少し真面目な顔になった。

「少し人間の本質に迫る話をしましょうか。大きな強みを持つ人は、往々にして、大きな弱みを持っているものです。逆に、これという弱みのない人は、たいした強みも持っていないものです。けれど人間は弱いもので、何かに突出した人よりも、性格のいい人を選んでしまいがちです」

（そのほうが、気は楽よね）夏子が心の中でつぶやく。

「なぜ人間は、才能のある人に性格のよさまで求めてしまうのでしょうか。それは、『卓越性に対する妬み』の心があるからだと、ドラッカーは指摘しています。才能ある人とて最初から天才だったわけではなく、相応の努力をしているのですが、その〝得意なことにすべてを投入できる〟能力、なりふりかまわず打ち込める能力に、人は無意識に嫉妬してしまうのです。……なんて、ときに人間の本性を鋭く暴いて我々をギョッとさせるところも、ドラッカーの面白さなんですよね」

東堂の言葉に、みな感心しきりだ。

「だから、そこで『組織の成果』なのです。もう一度目線を上げてみましょう。そもそもの目的は何でしょうか。コンテストで優勝したいのであれば、最も重要なのはチームのダンスを最高レベルに引き上げることですよね。とすれば、当然、配役は……」

「はい、わかってます！　でもやっぱり、むかつきますけどねっ」

はるかの言葉に、一同がどっと笑った。

全員の強みを総動員せよ

つながり作戦をスタートして、二週間が経った。

青柳夏子は自宅でココアを飲みながら、ドラッカー読書会の学びを振り返っていた。すっかり書き込みが増えた濃紺のノートに向き合うと気持ちが静まる。

ふと、「人の強みを生かす」章の冒頭が目に留まった。

> **成果をあげるには、人の強みを生かさなければならない。弱みからは何も生まれない。**
> (p.102)

最近はこんなふうに、家でもしょっちゅう会社のことを考えるようになっていた。自分が役に立っているという感覚が、こんなにも自分をはりきらせるということに、夏子自身が驚いていた。

（それにしても、今日は翔平に悪いことしちゃったな……）

会社での出来事が脳裏に浮かぶ。つながり作戦はかなり順調で、全員の知り合いをたどっていったところ、思いがけず五〇人の北星銀行勤務者と面会のアポイントを取りつけることができた。だが、翔平が面会相手を怒らせてしまったのだ。

善意で協力していただくのだから、丁寧に礼儀正しく、でもなるべく本音を引き出せるように会話をふくらませてね、と夏子は指示した。翔平は、緊張した面持ちの相手をリラックスさせようとするあまり、冗談を連発しすぎて不快にさせてしまったらしい。「せっかく時間をつくったのに、こんなふざけたインタビューなのであれば、ご協力できません」、そう断られて帰ってきたのである。

思わず夏子はカッとなり、「あなたは繊細さに欠けるのよ」と声を荒げてしまったのだ。しかも、みんながいる前で。いつもは快活な翔平が、すっかり落ち込んでいた。

（翔平の強みって何だろう……）

思い返せば、つながり作戦にいち早く賛同してくれたのが翔平だった。彼にはリスクを伴っていても物事に挑戦しようという、前向きな気持ちがある。そんな翔平に引っ張られるように、いままでみんなも士気をキープできたのだ。

（それなのに……私、最低だわ）

夏子は大きなため息をついた。


翌日は氷点下の寒さだった。札幌の春は遅い。三月になったというのに、まだ路地には雪がたくさん積もっている。

〈ポテンシャル〉が新オフィスに引っ越してきて初めての会議の日。夏子は寒空の下、制服にストールだけを羽織って、二〇代コンビのエリとカナを連れて近くのコンビニに買い出しに来ていた。久しぶりに北原社長が同席するので、お茶とお菓子でささやかに景気づけできればと思ったのだ。

ぱっと買って帰ろうと思いきや、エリとカナは棚の前で話し込んでいる。

（この子たち、ちょっと行動が遅いのよね……）

夏子は急かそうとして、二人の背後に近づいた。

「社長は冬でもアイスコーヒーだよね。微糖のやつ。あと、今日は風邪気味の人も多いから、温かいものもあったほうがいいね。ティーバッグ、買っておこうか。ポットのお湯、多めに用意しなくちゃね」

「お茶菓子は個包装のおせんべいのほうが手が汚れないし、余っても取っておけるよね。甘いものならこれはどうかな？　賞味期限もまだまだ大丈夫だし、常温でも保存できるよ」

夏子は驚いて言った。

「エリ、みんなのこと、よく見てるのね。えらい。カナも気が利くじゃない」

褒められた二人は嬉しそうだった。

（そうか。こういうふうに、人には必ず、強みと弱みがあるんだ）

（私、みんなの弱みばかり見て、一人でイライラしていたんだわ……）

自分の意見をもたない、のんびり屋の羊たちだと思っていたのは、夏子の思い込みだった。よく見れば一人ひとりに、その人ならではの強みがある。

ドラッカーを読んでいたはずなのに、実際にわかっていなかった。夏子は自戒の気持ちを込めて自らの胸に刻んだ。


「お疲れさん。やっぱり狭いね」、北原社長は新オフィスを見回して肩をすくめた。引っ越してきてから全員が揃うのは初めてだった。このところ金策に奔走していて不在がちだった社長の顔を見て、メンバーたちのテンションが上がる。

北原は週末に散髪に行ってきたようで、いつもより短めの髪が表情をより精悍《せいかん》に見せていた。背の高い彼が仕立てのいいスーツに身を包んでいると、そのオーラは初めて会った人をも一瞬で魅了する。とても倒産の危機に瀕しているようには見えなかった。

「社長、髪切ったらますますかっこいいですね」

「新しいスーツ、買ったんですか」

「何言ってんだよ。ちょっと痩せたら、昔のスーツが着られるようになっただけだ。最近は会食を減らしてるからな。おかげでいいダイエットになったよ」

心労で食欲が落ちていることを、北原はそんなふうにごまかした。

会議が始まり、一人ずつ業務報告をする。書記がホワイトボードに要点を書いていく。〈ポテンシャル〉では毎回持ち回りで会議の進行役を決めていた。今日は夏子の番だった。

「では続きまして、北星銀行勤務者への研修インタビュー、通称つながり作戦の最新状況の報告を翔平からお願いします」

翔平は顔がこわばっていたが、気を取り直すように咳払いをして、報告を始めた。

「現在、五〇名の北星銀行勤務者とアポイントが取れ、二三名の取材が終了しています。しかし、そのうち一名は僕が取材中に相手の機嫌を損ねてしまい、NGとなりました。申し訳ありません。お配りした資料は、二二名のヒアリング結果をフリーワードでベタ打ちしたものです」

資料には、インタビューから抜粋された言葉が、口語のまま並んでいた。

——研修は難しくてよくわからなかった。

——大学の先生みたいにずっとしゃべっていて、途中で眠かった。

——マナーの講師が、ちょっと古くさい。

——営業トークができるようになった。

——研修が多すぎる。もっと減らしてほしい。

——土日をつぶすのは勘弁してほしい。

——あまりよく覚えていません。

「このように肯定も否定もありましたが、実はインタビュー対象者二二名中、一六名が女性、しかも全員が入行五年未満です。属性が偏っており、北星銀行勤務者を代表するデータとは言えません。今後、年次の高い方や男性行員の声をいかに増やすかが課題です」

「ありがとうございました。どなたか質問やご意見はありますか」、夏子はメンバーの顔を見回した。特に手を挙げるものはいなかった。

「では続いて、他に連絡事項のある方はいますか?」

一人の手が挙がった。最年少の女性社員カナである。

「落とし物がありました。場所は打ち合わせデスクの下、拾った時間は金曜日の夕方です。落とし物はこの写真です」

コンサートホールの客席をステージ上から撮ったような写真だった。何千人も入りそうな大きな会場だ。少しセピア色にあせた古いプリントである。

「あ、俺のだ。魔法の写真なんだ、それ」

「魔法の写真?」、みんな一斉に北原に注目する。

「一九九九年の写真だよ。当時できたばかりの北海道ホールで、『北海道の元気社長一〇〇〇人集合』というイベントがあって、二〇代の部で賞をいただいたんだ。いつかまたこのステージに立ちたいと思って、リハーサルの合間に客席を写したんだ」

北原は懐かしそうな顔になり、とうとうと語り始めた。

「いつかこの北海道ホールで、道内の企業が何百社も参加して、会社の枠を超えて学び合うような、大きな合同研修を実現させたいって思ったんだ。俺たちの手で、北海道の『働く』のレベルを押し上げていけたらいいなって……。

この会社を立ち上げた頃は、俺も研修講師をやっていたんだよ。ステージに立って、何百社ものクライアントから参加している何千人もの前で、マイク持って思いっきり研修したいって、そのとき思っていたんだ。

疲れているときにこの写真を見ると、なぜか元気が湧いてくるんだよ。だから、魔法の写真なんだ。いつも手帳に挟んでいたんだけど、いつ落としたんだろう。引っ越しのどさくさで気づかなかったよ。カナ、ありがとう」

北原が社長業に専念するようになったのは、この一〇年ぐらいのことだ。それまでは、自分で取ってきた研修を自分で教える、スゴ腕の営業マン兼講師だった。入社当初の夏子はよく研修のサポートに入ったものだ。声がよく通り、ぐいぐい聴衆を惹きつける北原の研修は、夏子も思わず聞き入ってしまうくらい面白かった。

北原のかつての輝く姿を思い出し、夏子はあることを思いついた。

「社長、それからみなさん。私からひとつ提案があります。ドラッカーの本に、こんなことが書いてあるんです」


結果を生むには利用できるかぎりの強み、すなわち同僚の強み、上司の強み、自らの強みを動員しなければならない。

(p.102)

「いまこの状況を突破するために、私たちも、全員の強みを生かさなければならないと思うんです。組織の強みを総動員するんです。なかでも一番大きいのが上司の強み、つまり、北原社長の強みです」

ほう、という顔で北原が視線を上げた。

「北原社長はオールラウンドプレイヤーで、どんなお仕事もよくお出来になりますが、とりわけ、人前で話すことに長けていらっしゃるのではないかと……。

私はこれまで十数年間見てきて、クライアントさんは北原社長の話す熱意や想いに惹きつけられて、うちの研修を導入してくださったんだと思っています。社長が研修なさる姿は、私、いまでも忘れられません。そこで、です」

「何だ、夏子。今度は何を思いついた？」

「はい、社長。通常、研修を受注したら、外部委託している契約講師の先生方に報酬をお支払いしますよね。これが原価となり売上から引かれてしまいます」

「そりゃそうだ」

「そこで、社長ももう一度、研修をおやりになってはいかがですか。私が司会を引き受けますので。それと、導入ワークは、盛り上げ上手な翔平が適任だと思います」。夏子はそう言って翔平に笑いかけた。

「この間はごめん。あなたの弱みを責めるなんて、最低だったわ。あなたには、明るさと勇気っていう、誰にも負けない強みがある。私のアホな提案に最初に乗ってくれたのは翔平だもんね。リスクを恐れない前向きなそのパワー、すごいと思う」

伏し目がちだった翔平に、ようやく笑顔が戻る。

「盛り上げ役なら任せてください！　僕、何でもやりますよ！」

北原の表情もにわかに明るくなった。

「研修……久しぶりすぎるな。ざっと一〇年ぶりだ。でも、悪くない」

「うわー、私、聞いてみたいです！」「私も！」「僕も！」

メンバーたちは大賛成だった。魅力的な北原には、金策に走り回るよりもステージに上がってほしい。脚光を浴びてほしい。かっこよくマイクを持って輝いてほしい。みんなの期待がオフィスに充満していく。

自分のせいで会社が傾いているという自責の念で日々を過ごしていた北原の心に、まばゆい光が差し込んだ。

「よし、わかった。夏子センセイの言うように、俺たちの強みを総動員してみようか」

北原はポキポキと指を鳴らして立ち上がった。

「善は急げ、だ。いまプレゼン中の案件にも、俺の研修を追加しよう。エリ、お前はパソコン作業が得意だから、カリキュラムに使うテキストのつくり直しを頼む。昔の資料に俺が手を入れるから、至急でよろしく」

「はい!」

「それからカナ。お前はなじみのクライアントに受けがいいからな。既存顧客一三〇社に俺がやる研修のリリースを配って歩け」

「承知しました!」

「翔平、導入ワークはたしかにお前がぴったりだ。この後、打ち合わせしよう」

「はいっ!」

こうして北原は一人ひとりに、強みを生かせる仕事を振っていった。

「社長、私は?」

唯一、仕事を振られなかった夏子が北原に訊ねた。

「夏子の強みは、ドラッカー仕込みの視点だ。全体を俯瞰《ふかん》して、足りないものを俺にアドバイスしてくれ。つまり、俺の相談相手だ」

「えーっ!」、夏子がびっくりする声にかぶせるように、メンバーたちの歓声が上がった。

ほんの数か月前の、不満だらけだった自分が嘘のようだ。

仕事は人をすり減らすのか？

杉並柊介は、かつてのトップ営業マン陣内光秀が突然飲みに誘ってきたことに、胸がざわついていた。このところ会社でもほとんどすれ違ってばかりだ。それでも、不安を押し隠して自然に振る舞おうとしていた。

会社から少し離れた居酒屋の、奥まった個室で向かい合う。

飲み物と料理が運ばれてきた。二人とも黙ったままだ。いや、これまでなら陣内が次から次へと話題を差し出すのだが、今日はむっつりと押し黙っている。

最初に運ばれてきた料理の皿が空になった頃、柊介が沈黙を破った。

「珍しいよね、こうやって夜に誘ってくれるのって」

「まあ、ね」、どうも歯切れが悪い。

「でもよかったよ、誘ってくれて。ゆっくり話したかったから」。柊介は親愛の情を込めたが、陣内は宙をにらんだまま、目を合わせようとしない。

ようやく思い切ったように、ビールを一気に飲み干して言った。

「俺、三月末で退職するわ」

柊介は息をのんだ。その予感がなかったわけではない。しかし同時に、長年の仲間が去ろうとしていることが、にわかに受け入れがたかった。

「有給消化があるから、出社は三月一週目までだ。どうもどうも、お世話になりました」

陣内はふざけた顔をして頭をぺこりと下げてみせた。

「もう決定?」

「うん。昨日、嶋課長に話した」

「嶋課長、何て言ってた?」

「何も言わなかった。というか、何か言いそうだったけど、俺、そのまま出てきたから」

柊介は、嶋課長の胸中を思うと、胸が締めつけられるようだった。

「僕は言わせてもらうよ」、柊介は真正面から陣内を見据えて言った。

「どうして辞めるんだよ。辞めるなよ。営業がいやなら、異動願いを出せばいいじゃないか。制作だって面白いよ。デザイナーさんもライターさんも、うちのパートナーさんはいい人ばかりだし……」

「柊介、俺は、辞めるんだ」。話し続けようとする柊介を、陣内がきっぱり制した。

「人ってさ、働くことで何か大事なものをすり減らすんじゃないかな……。お前も気をつけろ。突然来るんだよ、こういうのって。数字を追いかけて、スーパーマン演じて、もう疲れたよ」

「でもそれは、数字だけを追いかけていたからだろ？　もっと外を見ろよ。僕はドラッカーを読んでわかったよ。成果は外にあるんだ、仕事を通じて世の中に変化を起こせるんだ。うちでなら、それができるんだよ、陣内」

「……柊介が勉強会のまとめを同報メールでくれているから、そのことは理解したよ。理屈は面白いと思ったし、頭ではわかるよ」

でも感情は違う、と言うように陣内は顔をしかめた。

「だけどな、一回こうなったらもうだめだ。サラリーマンなんて、もううんざりなんだよ。この間、日高の新規就農の説明会に行ってきた。農業とか、そういう人生もありかなって思う。でもまあ、しばらくは休憩するわ。疲れたんだ、俺は」

陣内に退職を思いとどまらせるための言葉が、柊介の頭に浮かんでは消えた。だが、何を言っても拒絶されるだろう。きっと嶋課長も同じ気持ちだったに違いない。

「そっか」、うつむいて顔をしかめることしかできなかった。「その話を聞けただけでも、誘ってもらえてよかった」と力なく微笑んだ。

「それだけじゃねえぜ」、陣内は身を乗り出して、通りかかった店員に三杯目のビールをオーダーした。たしか陣内は、あまり酒が強いほうではない。今日はピッチが速い。

「柊介に、言いたいことがあるんだ」

矛先《ほこさき》が自分に向いた。柊介が身構える。

「俺は、仕事で自分をすり減らしてきた。やればやるほど、スカスカになっていくんだ。MVPでちやほやされても、何の足しにもなりゃしない。自分がどんどん嫌なやつになっていくんだよ。営業トークはばっちりだ、商品知識もすげえ詰め込んでる、広告効果の上げ方もわかる。俺が受注したらお客さんは喜ぶんだ。陣内さんが担当でよかったって。だけど、俺はそう思わない。これで何十万、積んだ。ただそれだけだ……。

月曜から金曜まで突っ走って、土日は家でDVDを観るか、一人でドライブに行くか、女の子とデートするかして、何とか気持ちを紛らわせる。また月曜から自分をすり減らすんだ。だけどお前は……」、陣内は運ばれてきたビールをぐいっとあおった。どう考えても飲むペースが速すぎる。

「だけどお前は違う。お前は仕事で自分をすり減らしていない。客が喜んだらお前も心から嬉しそうだ。俺はね、そういうお前が大っ嫌いだったんだよ」

いきなりの攻撃に、ショックのあまり柊介は呆然としたままだ。

「俺、よく昼飯にお前を誘っただろう。前回は確か秋頃だった。何でだかわかるか？」

柊介は無言で首を横に振った。

「あの日、俺は午前中に大きな仕事を取った。それで気分が良くてな、自慢したかったんだよ。あの頃柊介は目標未達が続いて落ち込んでいただろう。そんなお前に、自分の能力を見せつけたかったんだ。案の定、お前は俺をまぶしそうに見て、自分のことを卑下してしょんぼりしていたな。それが見たくてわざわざ誘ったんだよ」

陣内は嘲笑しながら続けた。

「お前がしょぼくれてるのを見ると、俺のエネルギー値が回復するんだよ。俺は、そういうやつなんだ。でもな、それもアホくさくなってきたわ。はい、ゲームオーバー。全部ただのゲーム。それも終わりだ」

怒りが柊介を突き上げた。珍しく声を荒げずにいられなかった。

「ふざけんな、陣内。何がゲームだよ。あのなあ、自分のためだけにエネルギー使ってんじゃねえよ！　だからすり減るんだろ！　誰かのためにちょっとは使ってみろよ！」

陣内は酔った目をして、ケラケラと笑った。

「ははは。友情でそんなこと言っているのかもしれないけどな、目の前のお友だちは、ただのつくりものですよ～」

「つくりもの？」

「そう。俺、いつも営業会議のときにキャラメルラテ飲んでただろう。上にぐるぐるクリームがのったやつ。あれも俺の姑息《こそく》な演出なんだよ」

意味がわからず、柊介はただ陣内を見つめていた。

「営業会議、いつもピリピリしていただろう。嶋課長がカリカリとタブレットを噛んでいる音を聞くだけで、胃が痛くなるような嫌な空気だ。だから俺は演じたんだよ。わざわざキャラメルラテなんて小道具まで持ち込んで。ボクはカリスマ営業マンだから余裕で〜す、営業会議なんてちっとも怖くありませ〜ん」

「お前……」、柊介は自分が嫌われていることを知っても、陣内の肩を抱いてやりたいような気持ちになっていた。あまりに繊細だった。あまりにガラス細工みたいなやつだ。

「俺はつくりものなんだよ。つくりもののＭＶＰだ。なのにお前は、おどおどしているくせに、いつも自分自身のままだ。ナチュラルだ。泣いたり、笑ったり、お客さんの変化を喜んだり。そういうお前に、無性に腹が立つんだ」

だんだん陣内のろれつが回らなくなってきている。柊介は店員に小声で水を頼んだ。

気がつくと店内にはソーラン節がＢＧＭで流れていた。そういえば陣内と一緒に会社の忘年会でソーラン節を踊って盛り上がったことがあったなあ、と柊介の脳内には脈絡なく何年も前のことが思い出されていた。

「これ、お前が昔くれたメール。言っただろう、しばらく持ち歩いてたって。覚えてるか」

陣内は古くなって傷んだ紙を投げて寄こした。四つ折りにたたまれた白いコピー用紙だった。広げてみると、一昨年の日付だった。

陣内へ

昨日のクレーム大変だったね。いつになく落ち込んでいるようだからおせっかいながらメールを書いてみます。

陣内は我が社のスーパースターだから、何でもできる。同期ながら憧れていたけれど、そんな陣内にも隙があると知って、不謹慎だけれど、ちょっと親しみを感じたりしています。

あのクレームは市場変化の兆しでしょうね。たしかにお客さんの指摘している視点は、いまの営業四課から欠落しています。一本目の矢が飛んできたのは、単に陣内の顧客数が圧倒的に多いから、というだけでしょう。

意外と落ち込みが激しく見えるのは、きっとお客さんに悪いなあって思っているからでしょうか。そう考えると、落ち込んでるところもカッコよく見えちゃうよ。

陣内は、毎日カッコいいよ。落ち込んでても、カッコいいよ。

陣内は陣内のままでいいんだよ！

柊介

「お前のせいだ」、陣内は紙をひったくるように取り返した。「お前がそんなこと言うから、スーパーマンでいなくちゃならなかったんだよ」

三杯目のビールは、半分ほど残ったままだ。柊介もグラスを置いて、陣内を見つめる。

「俺はお前を恨んでるんだ、柊介。お前のせいで無理しすぎたんだ」

「そうかもしれないいな。悪かった」

「何だよ、ちくしょう、お前のそういうところ、ほんと嫌いだよ」

「え、どういうところ?」

「そういう……、ボサツみたいなところだよ！」

罵られているのにもかかわらず、柊介は吹き出しそうになった。

「菩薩かよ」

「腹立つわ。ほんと、むしずが走るわ、お前」

陣内は乱暴に財布から五千円札を抜き出すと、バンッとテーブルの上に置いた。

「あー、すっきりした。むかつくやつに、文句言ってすっきりした」、と千鳥足で店を出ていった。

ゆらゆら揺れる陣内の背中を、柊介は愛しいようなせつないような、憎めない気持ちで見送った。

「最も重要なことに集中せよ」

雪が融けたとはいえ、まだ肌寒い札幌。しかしよく見ると街路樹の枝には、淡い緑色の新芽が、寒空の下でしっかりと膨らみ始めていた。

四月のドラッカー読書会は、『経営者の条件』第5章「最も重要なことに集中せよ」についてである。東堂は今日も元気はつらつと、参加者たちへ語りかける。

「ドラッカーが言う成果をあげる五つの能力、四つめは『集中』についてです。さて青柳さん、どこに線を引きましたか」。そう問われて、夏子があわてて発表した。

成果をあげるための秘訣を一つだけ挙げるならば、それは集中である。成果をあげる人は最も重要なことから始め、しかも一度に一つのことしかしない。（p.138）

「五つの能力があるうち、あえてひとつ挙げられているところが印象的でした。よほど大事なんだな、と思いまして……」

「冒頭の部分ですね。ドラッカーはこの章で仕事の本質と人の本質を述べ、集中の必要性を説いています」、東堂が説明する。

「第2章で時間管理を学びましたね。では、ひねり出した時間という燃料を、どこに投下するか。自分の強みを生かせないような間違えたところに投入したり、あちこちに分散させてしまったりしては、元も子もありません」

東堂はいつもの丁寧な筆跡でホワイトボードに板書した。

・どこに（集中）
・どれだけ（時間・人、などの資源）

「つまり、限られた資源を『どこに』『どれだけ』投入するか、その組み合わせが肝心なのです。長時間忙しく働いたからといって、成果があがるわけではありません。〝ながら仕事〟も品質や生産性が下がる原因となりえます。だから『集中』なのです」

堀川徹は、思わず低い声でうなった。

すかさず東堂が指名する。「堀川さんは、いかがですか」

「あ、はい」。徹が、飛び上がるようにして読み上げた。


成果をあげられない人のほうが多くの時間働いている。

(p.141)


「まるで、自分のことを言われたみたいで……」、徹は頭をかきながら話す。

「最近、時間を記録するようになったんです。そうしたらけっこう活動を整理できて、開業以来、初めて定休日に休みが取れました。おかげさまで、家族サービスができましたよ」

先日のアンとの再会を思い出したのか、星はるかが微笑んで聞いている。

「時間の記録の効果は、たしかにすごいと思いました。ただ、売上はまだまだなんです。朝から夜中まで働いているわりに、お客さんが増えなくて……」

「そうでしたか。効果あったでしょう、時間の記録は」。東堂がにっこり笑う。

「とはいえ、ご指摘の箇所、耳が痛いですよね。ドラッカーは成果のあがらない人の特徴を、同じく一四一ページで三つ挙げています。ちょっと書き出してみましょう」

成果のあがらない人は、
- 第一に、一つの仕事に必要な時間を過小評価する
- 第二に、急ごうとする
- 第三に、同時にいくつかのことをする

「ああ、まさにそうなんです。いつも焦ってしまって、一度にあれこれ手を出してしまうんです」。徹がうなだれる。

「我々は聖徳太子じゃありませんから、全部いっぺんに成果をあげようとしても、なかなかできるものではありません。ドラッカーは、最も重要なことを最初に行うべく集中しなさい、と言います。この章の英文タイトルは、“First《ファースト》 Things《シングス》 First《ファースト》”、大事なことを先に、という意味です」

東堂がほかのメンバーを見回しながら説明を続けた。「そのためには、時間管理と同様、いらないものはどんどん廃棄します。こんな一節がありますよ」

集中のための第一の原則は、生産的でなくなった過去のものを捨てることである。
(p.142)

「そして何より、最も大事なことが何かを、明らかにしなければなりません。そこで、優先順位と劣後順位を考えるわけです」

本当に行うべきことは優先順位の決定ではない。優先順位の決定は比較的容易である。集中できる者があまりに少ないのは、劣後順位の決定、すなわち取り組むべきでない仕事の決定とその決定の遵守が至難だからである。
(p.149)

（「優先順位」はよく言われるけれど、「劣後順位」はあまり聞かない。こういう物事の逆サイドを指摘するところが、さすがドラッカーなんだよな……）柊介はひとりごちた。

「さて堀川さん、カフェプレミアンにとって、成果って何ですか？」、東堂が訊ねた。

「うちの成果は、お客さんにいい読書をしてもらうこと、です」

はるかの働く喫茶店でパンケーキを食べた日から、徹は自社の求める成果を即答できるようになっていた。

「ほう、なるほど。いいですね、シンプルに明文化しましたね。では、その成果のためにカフェプレミアンさんは行動していますか？」

徹は言葉に詰まった。成果を即答できるようにはなったけれど、行動に移してはいない。時間管理はしたけれど、得られた時間で、成果のための行動をしていない。

「それでは、カフェプレミアンさんのみなさんの行動を、その成果に集中してみてはどうでしょうか。成果につながらない活動を、整理してはどうでしょうか。ほら、時間管理のときと同じです」

（ああそうだ、捨てるか、他人に任せるか、だったな……）

またも難題に突き当たり、徹は空を見つめた。

何を捨てる？

春休みから札幌ダンスアカデミー、通称ＳＤＡに通うようになって、堀川アンはすっかり持ち前の明るさを取り戻している。

レッスンから帰ったばかりのアンは、夕食の席でまくしたてた。

「やっぱりＳＤＡは違うね。すごく厳しくて、まだ踊らせてもらえないんだ。基礎ばっかりだけど、それでも楽しいよ！　レッスンルームの床拭きとか重労働だけどね」

大好物のチーズハンバーグがおかずとあって、さっそくご飯をおかわりしている。

「先輩たち、怖くないの？」、礼美が心配そうに訊ねる。

「怖いよ。でもいじわるじゃないの。かっこいい怖さなの。威厳があるっていうか」

「へえ」。徹も時間管理が功を奏して、月に何度かは夕食を家族で取れるようになった。〈カフェプレミアン〉のロゴの入ったマグカップを片手に微笑む。

「パパ、この間高校生クラスの見学があってね、はるかちゃんの演技見たよ。もう、超ステキ。はるかちゃん、いよいよオーディション受けるみたい。本当にアイドルになっちゃうんじゃないかって、もう、ドキドキだよ！」

徹と礼美は、いじめを乗り越えたアンを誇らしく思っていた。

だが、ＳＤＡは名門なだけあって月謝が高く、堀川家の財政を若干圧迫している。

「ごちそうさま。勉強してくるね」、アンは食器をキッチンに下げて自室に引き上げた。

礼美はアンが部屋に入ったのを確認してから、徹に話を切り出した。

「さっき大家さんから電話があったんだけど。今月のお家賃、振り込んでないでしょう」

「あ……忘れてた。今週中に振り込んでくるよ。なかなか銀行に行く時間がなくてさ」

「お金、大丈夫なの？」

「だから振り込むって言ってんだろ」

「それならお願いね。あと、九州のおじいちゃんが入院したみたいなのよ。一刻を争うわけじゃないけど、もう何年も顔を出していないのよ。今年の夏休みくらい、アンを連れて、お見舞いに行かなくちゃ」

（う……いくらかかるんだ）徹は家族三人の九州行きを計算した。

「何よ、その顔。やっぱりお金、厳しいんじゃないの？」、礼美が下唇を噛む。

礼美がずっと帰省を我慢してくれていることは、徹も重々承知していた。いつか余裕ができたら、自分から九州へ行こうと誘って、礼美を喜ばせるつもりだった。しかし、このていたらくだ。徹は自分の甲斐性のなさにうなだれた。

(いつか、なんて言っていたら、一生実現しないかも)そう思ったとたん、口が動いた。

「よし、今年の夏は、家族三人で九州に行こう!」

だが、自分でも軽い約束のように思われた。

「できない約束なんてしないでよ」、案の定、礼美が声を荒げた。

「もう、いい加減にして! 適当なことばかり言って。何が夢よ、何が熱血よ。家族をないがしろにして、何のために仕事をしているの? お客さんのため? 嘘よ、自己満足でやっているようにしか見えないわ」

礼美の唇がふるえていた。

徹は何も約束することができない。だけど誤解されている——家族のことを考えていないわけじゃない。

部屋からアンが出てきた。子どもは本能で不穏な空気を察知する。

ここで誤解を解かなければ、大変なことになる。徹はゆっくり語りかけた。

「聞いてくれ、礼美。それからアン。お前たちに心配ばかりかけているが、これだけは信じてほしい。俺が何のために仕事をしているか。それは、お前たちを幸せにしたいからだ。

店の名前、声に出して読んでくれよ」、と徹は店のマグカップを指さした。

「カフェプレミアン。レミとアンだよ。お前たちの名前を入れたんだ」

アンが駆け寄った。「ほんとだ！　全然気づかなかった。ねえ、ママ」

礼美は呆然とマグカップを見つめている。

「お前たちあっての、この店だ。俺なりの愛情ってやつなんだよ。わかってくれよ」

徹が裏返った声を出すと、アンが大笑いした。礼美はしばらく黙っていたが、観念したように肩をすくめた。昔から、照れたときに礼美がよくやる仕草だった。


翌朝、徹は真っ先に銀行で家賃を振り込んだ。胃がキリキリと痛む。実は今月も自分の給料を出せなかった。店の口座も、自分個人の口座も、ゼロになる日付が予測できるほど順調な減りっぷりだ。ここで手を打たなければ……。

その日はずっと客入りがよく、切れ目ができたのは午後四時を回ってからだった。ひたすらカウンターでドリップ作業をしていた徹は、思いきり伸びをした。

すると、ドアが開いて一人の男性が入ってきた。「いらっしゃいませ」と顔を向けると、数日前に飛び込み営業に来たコーヒーメーカーの営業マンだった。そういえば、ちょうど忙しい時間だったので資料だけ受け取り、あとで検討すると言って帰したんだっけ。

今日はむげに帰すわけにも行かず、営業マンを二階のオフィスに案内した。

「弊社のマシンの導入はご検討いただけましたでしょうか」

「いやあすいません、二度も来ていただいて。資料を拝見したのですが、やっぱりハンドドリップで行くことにしました」、徹が答えた。

「ですが、弊社のマシンはどなたでも簡単に操作できるのです。オーナー様だけがコーヒーを淹れるとなると、混雑時にお客様をお待たせしてしまうことにもなります。また、他の方がコーヒーを淹れられるようになれば、オーナー様のお時間にも余裕ができます」

「せっかくなんですが、うちはドリップにこだわりたいんです。すいませんね」

こういう飛び込み営業も、曖昧な返事をしないでその場で決断したほうがいい、と徹は思った。自分だけでなく、相手の時間をも奪うことになるからだ。時間管理を始めてから、そういうことも理解できるようになっていた。

営業マンを見送るために一階に降りると、予想外の客がいた。

皿洗いをするりょうの横に立って、妻の礼美が楽しそうに笑っている。

「私もときどき手伝いに来ていいかな。アンももう中学生だから、留守番させられるしね。何かできること、あるかしら」

「おい、お前……」、徹は驚きのあまり、言葉が出てこない。

「だってレミもアンも名前が入っているってことは、私たちも店のメンバーでしょ」

いつも無口なりょうが会話に入ってきた。

「いま、僕が徹さんと出会ったときの話をするところだったんです。礼美さんに、どうしてここで働くことにしたのかって聞かれて」

徹ははっとした。そういえばりょうの入店動機について、改めて訊いたことはなかった。自分のことを慕ってバイトに来てくれている、というぐらいの認識でいた。

りょうは礼美に向き直り、せきを切ったように話し始めた。

「そもそもの出会いは、徹さん主宰の読書会でした。文学サークルのOBがたまにやっている読書会が面白いと人づてに聞いて、何となく参加したんです」

「懐かしいな。いつのまにかメンバーが固定して、ただの飲み会になっちゃったけど、みんな本好きだから、話が止まらなくなるんだよな」

「はい、徹さんのああだこうだが、最高に面白くて。特に太宰の話になると……」

「俺一人でしゃべりまくってたよな。わはは」

微笑みながら二人の話を聞いていた礼美が、ふと思いついたように言った。

「やればいいじゃない。その、ああだこうだをたっぷり話す読書会。カフェプレミアンで」

りょうの目が輝いたが、徹は困った顔をして首を振った。「やりたいけど……時間がないよ」、そう答えながら、(いや、待てよ)と思いとどまった。

「ドラッカーの勉強を始めてから、ずっと、カフェプレミアンの成果を一言で言えないかと考えていたんだ。それでようやく、『お客さんにいい読書をしてもらうこと』というフレーズが浮かんできたんだ。

そのことを読書会で話したら、先生にその成果のために行動しているかって聞かれて、答えに詰まっちゃったんだ。そうしたら、『カフェプレミアンさんのみなさんの行動を、その成果に集中してみてはどうでしょうか。成果につながらない活動を、整理してはどうでしょうか』ってアドバイスされたんだ……」

徹は読書会のやりとりを思い出していた。

「礼美の言う通り、読書会ができれば、店のコンセプトも明確になるし、店の成果に直結するはずだ。だけど、何か捨てられる仕事、あったっけな……」

ふと、徹の脳裏にさっきのコーヒーメーカーの営業マンの言葉が響いた。

——他の方がコーヒーを淹れられるようになれば、オーナー様のお時間にも余裕ができます。

これこそ、大きな廃棄対象ではないか。徹の胸は高鳴った。

第4章

「成果」って何だろう

人はどうして働くのか

引っ越して狭くなった〈ポテンシャル〉のオフィスには、事務スペースと会議室しかない。ひとつの会議室を応接室として使ったり、社内打ち合わせに使ったりしていた。

その会議室で、青柳夏子は泣きじゃくる後輩の話を聞いていた。二〇代社員のエリだ。

「どうしたの？　何があったの？」

「ねえさん、どうしましょう……私、三木よう子先生を怒らせてしまったんです」

三木よう子は長年、〈ポテンシャル〉のエースとして活躍してきた契約講師だった。話の流れで、北原社長も研修講師をやることになったと伝えたところ、自分の出番が減ることを危惧した三木が、激しく会社の体制変更を叱責したというのだ。

「そんな……エリを叱ることないのにね」

「うっかり私がしゃべっちゃったから悪いんです。三木先生、きっと会社に怒鳴り込んで来ると思いますよ。すごい剣幕でしたから」

会社に来てくれたほうが、かえって好都合だと夏子は思った。三木に限らず、ベテラン講師たちには、今回の決定を北原から直接告げるべきだ。それが礼儀というものだ。

「もしも三木先生がいらしたら、ちゃんと社長から説明してもらうから。大丈夫、三木先生も私たちと同じ志を持つ、かけがえのない仲間なのよ」

そうなぐさめると、エリの嗚咽《おえつ》が激しくなった。

「仲間なんかじゃありません。私なんて、どんなに頑張ったって何にもできないし、いてもいなくても同じなんです。こんな思いまでして働くのは、もういやです」

夏子は少し前までの自分を見ているような気がした。前なら同調していたかもしれないが、いまは違う。エリの可能性を、どう引き出してあげればいいかを考えていた。ドラッカーの一節が脳裏に浮かぶ。

貢献に焦点を合わせるということは人材を育成するということである。

(p.83)

いまがチャンスだ、と夏子は思った。

「私もついこの間まで、自分のことをそう思っていた。でも違うの。みんな、いなくてはならない仲間なの」

涙を流したまま、エリはつと顔を上げた。

「エリの頑張りを、ちゃんと組織の成果につなげればいいの。そうすれば、エリの仕事は組織にとって、なくてはならないものになるわ。前にちょっと話したよね、ドラッカーのこと。私たちの強みを使って、ポテンシャルの成果に貢献してみようよ」

どうやら、顔に生気が戻ってきつつあるようだ。

「たとえば、エリは細かくて几帳面だし、耳と記憶力がいいのかな、人の話をよく覚えているよね。だから、電話のメモとか議事録とか、すごく助かっているわ」

「ほんとですか」

「ほんとよ。正確だし、丁寧だし、臨場感もあるから、あとで読み返してもわかりやすいの。そうだ、今後はエリが会議の議事録を担当したらどうかな。エリの強みを、組織の成果のために使ってちょうだい」

「……私も貢献、できるんですね」

自分の仕事が組織の成果につながる道筋を得て、エリの瞳に光が戻ってきた。

「会議始めるよ」、夏子がオフィス全体に声をかけ、みな会議室へいそいそと向かう。北原社長もジャケットを脱ぎ、白いボタンダウンのシャツを腕まくりした。

「いつも持ち回りでやっていた議事録担当、今日からエリに担当してもらおうと思うんだけど、どうでしょう」

夏子が口火を切ると、みな口々に大賛成。北原が「頼むぜ」と声をかけ、エリが嬉しそうにうなずいてペンを取った。

前回のミーティングで、それぞれの強みを生かした仕事を割り当てられて以来、顔を合わせて報告をじっくり聞くのは、初めての機会になる。

「この二週間、俺が講師の商品を案内したところ、すでに十数社から問い合わせが来ている。一社ずつアポを取ってプレゼンに行き始めたが、反応は上々だ。次段階のプレゼンに進んだ会社もある。休眠していた顧客層が、目を覚ました感じだ」

明るい兆しに、メンバーたちも前のめりになる。

「来期からのリーダー研修、営業研修、新人育成プログラム、どれも人気があった。特にリーダー研修は、複数社の合同企画でやろうという話になっている。これをメイン企画に、FAX・メールの一斉案内、各種サイトでの告知、DMで攻勢をかけ、一気に勝負に出ようと思う」

会議室の空気が、ピリッと締まる。

「二〇年前にポテンシャルを始めたとき、朝から晩までいろんな会社でコンセプトをしゃべり倒した。そのとき研修を導入してくれたお客さんたちのおかげで、うちは船出できた。うちが泥船のようになって次々と人が逃げ出したが、ここにいるみんなは残ってくれた。そして、船出を助けてくれた当時のお客さんたちも、また戻ってきてくれた……」

北原は、一呼吸置いて見回した。

「何とか、今月の給料を出せそうってことだ。俺からは以上だ」

メンバーたちがどっと笑った。

「では僕からは、つながり作戦について」。翔平が立ち上がる。

「あれから北星銀行の方のアポイントが若干増え、現在、六八名のインタビューを終えました。フリーワードのベタ打ち資料をご覧ください」


――仕事にやりがいを持つようになると、プライベートの幸せが遠のきそうで心配です。

――業務上必要な能力アップの研修だけでいいと思います。モチベーションや自己啓発は興味ありません。

――休行日ぐらい休みたいです。

――一人ひとりの人生のビジョンを、どうして銀行で共有しなければならないのか。

――意識と潜在意識の話が面白かった。

――内容が昭和っぽい。

――正直、中堅層は自分のやり方で実績をあげてきたので、意識向上の研修は意味がない。新入社員研修にはいいだろうが。

――もう飽きた。

――つまらない。わくわく感なんてない。


覇気のない回答結果を見たメンバーたちが、ため息交じりに感想を語り出す。

「それにしても、ネガティブな意見が多いですね」

「この人たち、仕事がつまらないのかもしれないね」

「仕事とプライベートは別、って感じがめちゃくちゃ出てますよね」

「こういうの見ると、何だか悲しくなるなあ」

そんな様子を見た北原は声を上げて笑った。「お前たち、いつのまにかポテンシャルスピリッツになっているんだな」

「仕事は、プライベートの反対語じゃない。自分を成長させる、最高に楽しい機会だよな。

仕事で自分が成長できたら、人生全般に影響する。プライベートは仕事から逃げ込む場所じゃない。仕事で成長できるからこそ、プライベートも輝く。仕事でこそ、自分が生きていることが世の中に生かされる。俺はそう思っている」

メンバーたちは北原の力説に、資料をめくる手を止めて聞き入っていた。

ふと、誰かがつぶやいた。「人ってどうして働くんでしょうね」

会議のあと、北原は夏子を遅いランチに誘った。ひと足早く春が訪れたような陽気に誘われて、オープンカフェで打ち合わせを兼ねて食べることになったのだ。

「今日はおとなしかったな」、北原がアメリカンサンドにかぶりついた。

「私より先に、みんなが発言しますからね」

「頼もしいな」

「はい、最高のメンバーです」

お互いが強みを差し出して〈ポテンシャル〉の成果に貢献しようとするようになってから、劇的に社内の人間関係がよくなったように思う。このことは夏子にとって、日々のやる気の大きな原動力となっていた。若手メンバーに対する信頼は、格段に強くなっている。

それにしても、さっきの調査結果はショックだった。前向きな回答もあったが、冷めた層が思ったよりも多いことに気落ちしていた。

「働く、って何でしょうか」、また夏子が静かにつぶやいた。

北原はナプキンで口を拭うと、問い返した。「夏子にとっては、働くって何だ？」

「私もついこの間まで、あの回答と同じだったんです。定時が待ち遠しかったし……」

「そうだったのか。たしかに夏子、ちょっと変わったよな」

「はい、いまは家でもどこでも、仕事のことを考えているんです。義務でも焦りでもなくて、単に考えたいから。まあ、会社がピンチっていうのもあるかもしれませんが」

「どうして会社が傾きかけたら、お前が変わるんだ？」

「それは、だって……」、夏子がむきになる。

「ポテンシャルがなくなるのは、嫌ですから。何が何でも、結果を出さないと」

北原は顔をくしゃっとさせて笑う。「まったく、お前らしいな」

「あ、社長、それかも！　働くって、自分らしさが生かされること！」

思わず二人は、顔を見合わせた。

「成果をあげる意思決定」をする

ゴールデンウィークが明け、街にはさまざまな花が咲き誇っている。リザルト学習塾では、五月のドラッカー読書会が行われていた。

東堂久志が参加者の前に立つ。

「成果をあげるための五つの能力、いよいよ最後は意思決定です。ドラッカーは『成果をあげるエグゼクティブを論ずるにあたって、意思決定は特別の扱いを受けるに値する』と言い、第6章、第7章の二章分を費やしています」

みないっせいに第6章「意思決定とは何か」を開く。

「思い出してください。知識労働者とは、自ら考え、決定し、行動する人でしたね。どの行動の前にも意思決定があります。経営者だけでなく、誰もが意思決定をするのです」

「意思決定、ちょっと難しかったな」。星はるかが頬を膨らませる。

「そうですね、通常は大きな事業上の決断や、長期的な決断を連想するかもしれません。

ですが……」

東堂は明るい調子で言った。

「セルフマネジメントのレベルで考えてみてください。みなさんがこの読書会に来ているのは、みなさんがそのように意思決定したからです。過去の多数の意思決定によって、現在のみなさんがあるわけです。はるかさんがアイドルを志しているのも、ダンスレッスンに通っているのも、はるかさんの意思決定によるものですよね」

はるかが大きくうなずいた。「そうです、私が意思をもって決めたことです」

「言い換えれば、今日の意思決定が、明日のみなさんをつくる。そう考えると、おざなりにするわけにはいきませんね。成果をあげる意思決定を目指しましょう。では、青柳さんから発表していただきましょうか」

夏子がうなずいた。「私はここです」


エグゼクティブたる者は、いくつかの明確な要素と手順から構成される体系的なプロセスとして、それらの意思決定を行わなければならない。

(p.154)

「意思決定って難しいですよね。『通常、時間もわずかしかとらない』って書いてありますが、もし間違った意思決定をしちゃったら大変だし、勇気がなくて決められないこともあります。その都度その都度、気分で決めてしまうのも危なそう。でも、意思決定には手順があると知って、ちょっとほっとしました」

「そうなんです。意思決定には手順がある。ドラッカーは第6章で、ヴェイルとスローンの事例から意思決定の原理を導いています。それが、この五つのステップです」

おもむろに東堂は、ホワイトボードに板書を始めた。

成果をあげる意思決定の五つのステップ

①問題の種類を知る
②必要条件を明確にする
③何が正しいかを知る
④行動に変える
⑤フィードバックを行う

「第一に『問題の種類を知る』。その問題が、一般的な問題か例外的で特殊な問題なのかを問います。

第二に『必要条件を明確にする』。決定の目的は何であって、満たされなければならないことは何かをはっきりさせるのです。

第三に『何が正しいかを知る』。やがて妥協が必要になるからこそ、何が正しいかを考えなければ間違った妥協をしてしまうのです。

第四に『行動に変える』。絵に描いた餅ではなく、実行に移され、しかるべき人たちに周知されていかなければなりません。

第五に『フィードバックを行う』。やりっぱなしではいけません。意思決定が間違っているかもしれないし、たとえ合っていても、そのうち陳腐化するかもしれません。これら五つの重要な要素をぜひ理解しておきましょうね」

堀川徹が手を挙げる。「具体的にはどういうことでしょうか」

「では、ひとつずつ噛み砕いて考えましょうか。まずは『問題の種類を知る』。一般的か、例外的か。世の中ではよくあることなのか、本当にレアケースなのか」

「そういえば、うちのクライアントのネイルサロンなのですが、お客さんから肌荒れのクレームが来て悩んでいたみたいなんです。そういうのは……」

ふと柊介が問うと、東堂がうなずいて言った。

「ああ、例があるとわかりやすいですね。そのケースを使わせていただきましょう。肌荒れの原因にもよるでしょうが、もし使用している製品の何らかの成分が原因であれば、そのサロンで初めての経験であっても、世の中で唯一の事例というわけではないですよね。つまり、一般的な問題なので、原則と手順で解決できます。『こんな大変なことが初めて起こった！』ではなく、『ネイルサロンにはこういうことは起こりうる』と対処できる。『あのお客さんみたいな怖いクレーマーは珍しい』ではなく、『一般的な問題だから対処していこう』と思えるわけです」

「どんな問題なのか、慌てず冷静に見られるね」、徹のあいづちに一同がうなずく。

「では、どうやって『必要条件を明確にする』んでしょうか」。夏子が訊く。

「『必要条件』というのは、この問題を解決するために最低限必要なことです」

「このネイルサロンなら、『お客様が当店の施術で肌荒れしない』とか？」

「たとえば、そういうことです」

「『何が正しいかを知る』は？」。はるかも質問する。

「ここではドラッカーは『妥協』について書いています。してもいい妥協としてはいけない妥協がある。だから『何が正しいか』を決めておく。たとえば『お客様の手指の健康』

とかね。そうすると、製品を仕入れるときに基準ができますよね」

「そうか。基準があれば、対応も行き当たりばったりにならない」。徹がうなる。

「お肌に良くないけれど安いから仕入れよう、という妥協はしなくなりますね」と夏子。

「では、『行動に変える』のは、たとえば、製品を仕入れるときに成分表をチェックするとか、パッチテストをするとか、そういったことですね。要するに、基準に従って実際に動くってことですよね」、柊介が話を展開する。

「そうです」。東堂が大きくうなずく。「思うだけでなく、仕入れ先を見直す、製品管理の方法を見直すなど、実際の行動に移す段階です。お客様に『安全な製品を使用しています』と謳うというのも、行動のひとつでしょうね」

「たしかに、行動に移さないと意思決定の意味がないもんなあ……」「……そして『フィードバックを行う』か」。みんなの議論が盛り上がっていく。

「ええ。行動して終わりではなく、結果を検証しなければなりません。アンケートを取ってみるとか、顧客層に変化があるかどうか見直してみるとか、商品ごとの売上高の変化を見るとか、時間の使い方の変化を見るとか、いろいろ考えられますね」

東堂がまとめる。「みんなで事例をイメージすると、ドラッカーの言葉がより身近になりますね。今度はみなさんが現場でご自身のケースに、あてはめてみてくださいね」

東堂はパチンと手を叩いて空気を変えた。「さあ、次はどなたが発表しますか」

数秒の沈黙ののち、老画家、峰森重三が静かに手を挙げた。

「峰森さん、話してくださいますか」

「少し気が引けますがね、今日で最後なんですよ。だから、ちょっと話させてもらいましょうか。私が読み上げたい箇所は、第7章『成果をあげる意思決定とは』の一文です」

スローンはGMの最高レベルの会議では、「それではこの決定に関しては、意見が完全に一致していると了解してよろしいか」と聞き、出席者全員がうなずくときには、「それでは、この問題について異なる見解を引き出し、この決定がいかなる意味をもつかについてもっと理解するための時間が必要と思われるのでさらに検討することを提案したい」といったそうである。

(p.198)

「意思決定には、意見の不一致を必要とする——まさしくそうだと私も思う。全会一致ほどつまらないものはない。反対意見があるからこそ、よき意思決定ができる。ここに来たのも何かのご縁、最後にひとつ、私からみなさんへ、反対意見をプレゼントしよう。素直に真面目にドラッカーを勉強しているみなさんに、私は問いたい」

峰森のゆっくりした言葉が教室に響く。

「人生とは、成果をあげることなのかね」

森の奥の静かな池に石でも投じられたかのように、教室に波紋が広がっていった。

「今日までこの会を見学しているのは、実に面白かった。求道的で、ずいぶんと素直だ。あっぱれだ。大変気持ちのよい若者が、ドラッカーに心惹かれて集まっている。私まで若返ったような気持ちになれた。だからこそ、ドラッカー先生が書いておられるように、あえて反対意見を投じて去っていこう」

東堂は黙ったまま、青年のように純真な眼差しを峰森に注いでいる。

「人生はすべからく成果をあげることなのだろうかね。ドラッカーは、それを我々に伝えたいのだろうかね。時間を記録しなさいとか、強みを生かしなさいということを、そのまま受け止めて日々奔走して生きていけば、それでいいのかね？

ドラッカーは、よもや利益追求のためのマニュアル本を書いたつもりではあるまい。ここには資本主義を超えた匂いがある。私はそれに惹かれて来たようなもんだ。あんたたちこそは、ドラッカーの著作をたくさん読んで、これからの世の中に真の潤いを増やしていってほしい。私はそう勝手に願っているもんでね」

峰森の声は、しゃがれているが、よく通る。

「会社からドロップアウトして以来、しばらく働く気にはならんかった。燃え尽きた企業戦士ほどたちの悪いものはなくてね、何にも気力が出てこない。だけどある日、自分は絵を描くのが好きだったってことを思い出したんだ。

絵を描き始めてから今日まで、もうそれだけだった。アルバイトしながら食いつないで、気がつけば家族も持たないで、だけど絵だけは、死んでも手放さないで来た。

描いた絵は、ほとんど人にあげてしまった。誰かの机の上にでも置かれて、わずかでも人生の潤いになれば本望というか、心の置き所というか。自分が世の中に何かを差し出せるとしたら、そのぐらいかなと。

この会に来たのは、謎を解明するためだった。ビジネスに没入する若い人たちが、利益を求め、奔走するのはいい。それが若さかもしれないし、人間の本能かもしれない。しかし利益が潤沢になったとき、今度は人生において何を潤沢にしていきたいと願うのか。世の中をどう潤沢にしたいと願うのか。それを見てみたいとね。

あんたたちは、何を世の中に差し出しますか。それが働くってことじゃないのかい。ドラッカーはそういうことを言いたいんじゃないのかね」

水を打ったように教室は静まり返っていた。

「や、ちょっと長くなってしまったな。私がどうして絵を描き続けてきたか、そのささいな潤いの話を、ずっと誰かに言いたかったんだな。反対意見にすらなっていないかもわからんが、あんたたちなら、真摯に受け取ってくれる気がしたもんだから」


長い沈黙を破ったのは、はるかだった。

「峰森さんの絵、私のバイト先に飾ってあります。店長がすごく気に入って、よく見ていますよ。この絵があるだけで、くつろげるって」

「ありがとう。もうこれで失礼するよ」。峰森は静かに下を向いて、帰り支度を始める。

「部長、待ってください！」

東堂の脳裏には、自分の上司だった頃の苦しそうな峰森の様子があった。

——俺は社会につながってなかったんだよ。自分でニンジンをぶら下げて、そのニンジンを追いかけていただけだったんだ。

「部長、人生とは成果をあげることじゃないかもしれないけれど、自分の仕事が世の中とつながることで、人は本質的な喜びを得ますよね？」

東堂はかつての上司に向かって、青年のように頰を紅潮させて話し続けた。

「ドラッカー自身もこの本の終章で『人生には、成果をあげるエグゼクティブになることよりも高い目標がある』とはっきり書いています。ただし、組織で働く人たちが成果をあげられるようになることは、社会の強いニーズであり、現代社会において不可欠なことです。それゆえに、ドラッカーは社会の将来を見据えて、成果をあげる人が世の中に増えることを強く切望して、強い気持ちで『経営者の条件』を書いたんだと思うんです……」

東堂は言葉に詰まりながらも、峰森の顔から眼をそらさずに言った。

「たしかに、僕はいままでドラッカーの本を、どこか勉強として読んでいたのかもしれません。峰森部長が本気で語ってくれたように、ドラッカーも僕たちに、本気でこの本の内容を語りかけている——恥ずかしながら、たったいま気づきました」

そんな東堂に、峰森は静かに会釈した。

「はいよ。先生、どうもありがとう」

峰森が教室を出ていってもしばらくは、沈黙が教室を支配していた。

ふと我に返った東堂が、峰森が残していった紙袋に気づいた。中に入っていたのは、読書会の参加者一人ひとりに向けて描かれた絵だった。

強みを生かす姿勢

眠れない夜を過ごした青柳夏子は、早朝にぱちりと目を覚まし、ベッドから降りてカーテンを開けた。窓を開けると春の風が室内に入ってくる。鳥のさえずりが聞こえる。

無心になって部屋の掃除をした。室内が清浄に整ってから、夏子は昨夜もらった峰森重三の絵を取り出し、飾り棚に置いた。

それは一列に並んだ動物の音楽隊が、ゆるやかな円を描いて桃色の空に昇っていく、桃源郷のような絵だった。音楽隊が奏でるメロディが多彩な色の曲線となって広がっている。「たのしい、ドラッカーの読書会」というタイトルがつけられていた。

夏子はその絵を飽くことなく見つめていた。

（人生は、成果をあげることじゃないかもしれない。働くばかりが人生じゃない、というのもわかる。でも、やっぱり、私は本気で成果に向かいたい。自分を生かしたい。この絵だって、本気で描かれているじゃない……）

意を決した夏子は、一心不乱にメモを取り始めた。

「いったいどういうことなんですかっ！」

月曜日になり、夏子が普段より一時間早く出社すると、まだ誰も来ていないと思っていたオフィスの中から怒号が聞こえてきた。この甲高い声は、〈ポテンシャル〉の一級資格をもって活躍している契約講師の三木よう子先生だ。

夏子は腰を低くして、北原社長に詰め寄る三木に背後から近づいていった。

「契約解除ってどういうこと？　いままで私の人気を利用して稼いできたじゃありませんか。会社が傾いたからって、契約講師を一斉に切るなんて」

激昂する三木に、北原は立ち上がって深々と頭を下げた。

「よう子先生、当社の体制変更にあたり、ご不安を感じさせてしまいまして申し訳ございません。ですが、こちらをご覧ください。今後も弊社の一級講師としてご活躍いただきたく存じております。変更点は、専任契約の解除、つまり当社専任ではなく、外でも広くご活躍いただくという意味です。私はこれからもよう子先生を応援させていただきますよ。仲間じゃないですか」

「ものは言いようね。でも北原社長が研修を再開すると聞いたわよ。落ちたものね、ポテンシャルも。そこまで経費削減しなければならないなんて」

北原が釈明しようとしたところへ、夏子の声が響いた。

「あらあ、よう子先生！　おはようございます。今日も素敵ですね。黄色いスカーフ、よくお似合いです。ちょうどよかった、ぜひよう子先生に聞いていただきたい、新企画があるんです」

三木よう子は、怪訝《けげん》そうな顔で一瞬ひるむ。北原は目で訊いていた。

——何だよ、新企画って。

夏子はバッグから手書きの紙を取り出して、テーブルに広げた。細かい字でびっしりと書かれたＡ４用紙八枚に渡る企画書だった。

「この土日、ずっと考えていたんです。一級講師の先生たちにもご相談したいと思っていましたので、よう子先生がいらしていてラッキーでした」


北海道の「働く」のポテンシャル（潜在可能性）を高めたい
・北海道ホールにおいて、「働く」をテーマにしたイベントを実施
・研修会社の枠を超えて誰でも参加できるイベント

・『強みを生かせ!』、多種多様な「自分らしさ」を生かして働いている人の見本市
・会社や立場の枠を超えた、未来のための合同研修
・今年度秋頃の実施を検討

「夏子、これ……」

夏子はにっこり笑って北原社長を見た。

「はい、社長と同じ視点で、原点に立ち返って考えてみました。私たちポテンシャルは『研修を売る』のではなく、『働く』の可能性を高めるためにあるべきだと思うんです。それをよりよく社会に伝えるためには、『強みを生かす』というテーマがぴったりかと」

企画書の冒頭には、ドラッカーの言葉が引用されていた。


強みを生かすことは、行動であるだけでなく姿勢でもある。

(p.133)

「このイベントの内容を、『強みを生かして働いている人の見本市』としてみました。この言葉にあるように、『強みを生かす』ということは、成果をあげる組織の基本姿勢であると思うんです。だからこそ、このイベントを一回きりではなく定期的に開催し、私たちが強みの見本市のような会社であり続けるべきだと考えました」

さっきまでいきり立っていた三木よう子も、思わず企画書に見入っている。

「よう子先生、ぜひお力をお貸しください。よう子先生ならではの強みが、これからもポテンシャルの財産であればとても嬉しいんです」、夏子は深々と頭を下げた。

北原もここぞとばかりに続く。

「よう子先生、夏子の言うように、俺たちが俺たちらしく働いていて、北海道の『働く』のポテンシャルをこれからも一緒に高めて行きましょうよ」

三木よう子の表情は硬いままだ。しかし、内容には興味があった。会場が北海道ホールだということも、三木の心を揺さぶっていた。北原だけでなく、三木にとっても、北海道ホールは原点だったのだ。

あのとき、二〇代の部で入賞した北原の応援に、三木も駆けつけていた。〈ポテンシャル〉を一緒に大きくしていこう、と胸を熱くしていたものだった。

しかし、北原が再度の船出にあたり、自分たちを切ろうとしているのだと思い、三木の心は深く傷ついていた。

「何だか矛先をそらされたような気がするわね。今日はもう失礼するわ。北原社長、かつての仲間を排除していくやり方には納得できないわ」

複雑な表情をして、三木よう子は踵《きびす》を返した。

「だから違うって！　待ってください、よう子先生。待って、ようちゃん！」

北原が大股で追いつき、三木の肩をつかんだ。

「ずっと一緒にやって来たじゃないか。誤解だよ。説明の仕方が悪かった。ちょっとこの写真を見てくれよ！　覚えているだろう」

北原は慌てて一枚の写真を取り出した。先日落とし物として見つかった、北海道ホールの座席を写したものだ。

「一緒にふざけながら撮ったよな。あのとき話したじゃないか、俺たちで北海道の『働く』を変えようって。最近はそんな青臭い話をしていなかったけど、ようちゃんがうちの講師でいてくれているのは、そういう意味だと思っていたよ。俺たち、同志じゃないか」

夏子は改めて、三木よう子と北原のつきあいの長さと深さに驚いた。

三木は、目をつぶってかぶりを振った。

「もう、よくわかりません。とにかく帰ります」

歩き出した三木よう子の背中に、北原が大声で言った。

「北海道ホールのイベント、一緒にやりましょう、ねっ！　よう子先生！」

三木が出ていったドアがパタンと閉じた。少し優しい閉じ方だった。


「社長、すみません。私、タイミング悪かったですか」

夏子が謝ると、北原は低い声でうなった。

「いや、いいんだ。それにしても、これはすごい」、と手書きの紙を取り上げた。「何で俺の考えていることがわかったんだ？」

夏子はファイルを取り出して見せた。北原の過去の発言や、パブリシティの切り抜きをスクラップしたものだ。数年前の雑誌記事には、嬉しそうに笑う北原社長の写真の下に、こんなキャプションがついていた。

「北海道の『働く』のポテンシャルを高めたいんです、と語る北原社長」

思わず北原は夏子に目を向けた。

「私、ドラッカーの『人の強みを生かす』という言葉に感銘を受けました。そして、『自分らしさが生かされると仕事が楽しい』ということも最近学びました。

それで、自分の強みについて考えてみたんです。強みと弱みが表裏一体であるなら、私の弱みをひっくり返してみようと思ったんです。ドラッカーは『山あるところには谷がある』とも言っているので」

夏子は満面の笑みで続ける。

「これまで私、ずっと指示待ちＯＬでした。社長のご指示を細かく確認して、その通りに仕事をしてきました。受け身と言ってしまえばそれまでですが、逆に言うと、これも私のキャリアなんです」

北原が驚いた表情をする。

「ひっくり返して考えると、膨大な量の社長のトレースをしてきた、ということになります。ですから、私には誰よりも、社長のご意向がわかります。これは、私の強みです。社長のお考えを形にするお手伝い、私だからできるんです」

「なるほど、その通りだ。よくそんなこと気づいたなあ」

「いえ、ドラッカーが、そう書いているんです。素直に、忠実に従ってみただけです」

その忠実さこそ夏子の強みである。北原には、それが宝物のように思えた。

「いやはや、夏子にはまいった。いや……ドラッカーにはまいったよ」

北原は、北海道ホールの具体案を練るために立ち上がった。

「よし、朝イチで全体会議だ。イベントを、秋にやろう。現在進行している俺主導の研修案件も、若手が頑張っているつながり作戦も、全部徹底的にやってみよう！」

息も絶え絶えだった〈ポテンシャル〉に、新たな命が吹き込まれた瞬間だった。

成果は外にある

今日の杉並柊介は、午前中から気が散ったままだった。パソコンに向かってはいるものの、頭の中は他のことでいっぱいだった。

――人生とは、成果をあげることなのかね。

峰森重三の去り際の言葉は、柊介の胸に刺さったままだった。

――人ってさ、働くことで何か大事なものをすり減らすんじゃないかな……。

かつての同僚、陣内光秀の心の叫びが、耳の奥でこだまする。

柊介は首を振った。（働くことは、けっして、人生をすり減らすことじゃない）

思考が堂々巡りをしていた。最近の柊介がたどり着くのは、いつもひとつの言葉だった。

（成果は外にある。自分の仕事が外の変化につながれば、それは生きがいになるはずだ）

周囲がざわめく。気がつけば、営業会議が始まる時間だった。柊介も慌てて手帳を手に会議室へ向かった。

「七月号の目標数字まで、あと一八二万六〇〇〇円です。みなさま、いかがでしょう」

先月から目標数字の管理と司会を、嶋課長に代わって三〇代の女性社員が担当することになった。数字に強い彼女を見込んでのことである。

司会が代わると、営業会議の空気もまったく変わる。ドラッカー勉強会の成果か、各自の強みを生かして、組織の成果に貢献する風土が醸成されつつあった。

そんな彼らを、嶋課長はどっしり構えて見つめていた。気づけば、ミント味のタブレットをがりがり噛む癖がなくなっていた。

柊介は営業数字の話が一段落してから、ある提案を持ちかけた。

「僕からちょっと、いいですか？」

柊介もまた、以前の委縮した自分ではなく、伸び伸びと意見できるようになっていた。

「どうした、杉並」、嶋課長が柊介を促した。

「はい。みんなでドラッカーを学び、社内報の記事で社長のお考えを知り、『成果は外にある』ことに意識が向くようになりましたよね。

そして僕ら営業四課は、『売上を追いかけるだけの世界』から、『クライアントや読者に変化を与えられる世界』へシフトしていこう、と話し合いました」

メンバーたちがうなずく。

「その実現のために、何ができるかをこの場で話し合いませんか？　たとえば、担当しているお客様の最近の声を、ここで共有してみてはいかがでしょうか」

それぞれがひとしきり考えたあと、二〇代女性が言った。

「年間契約をいただいているネイルサロンには毎月顔を出していて、前回どうでした？　みたいな雑談をしています。この間は、『おかげさまで忙しいのはいいんだけど、シンプルグラデーションのお客さんばかりで、私が本当にやりたい仕事ができなくてね』とおっしゃっていました」

「何だろう、やりたい仕事って」

「そこまでは伺いませんでした」

続いて、二〇代男性が切り出す。

「僕の担当しているヘアサロンは、集客が難しいと言っていました」

「どういうこと？　うちの広告、効いてないの？」

「いえ、土日と平日の夜は満席になるのですが、平日の昼がガラガラだそうで」

「とすると、主婦層にアピールしなくちゃいけないよな。原稿はどうなっている？」

「ＯＬ向けの内容です」

「どうしてだよ」

「ずっと流用なので。制作に任せっぱなしでした」

三〇代男性も続く。

「居酒屋Rさんでも、原稿のミスマッチがありました。年末年始の宴会需要に向けて『お得な女子会コラーゲン鍋コース』で何度かご出稿いただいたのですが、ここ三か月ほど掲載がありません。それで久しぶりに訪問してみたんです。

するとと、本当は日本酒の品ぞろえと産地直送の魚介類に自信があり、単発利用の新規来店を増やすより、こだわり層に訴求して固定客をつくりたかったのだそうです。ですので、今度は店の想いをきちんと汲んだラフ案を持っていくご提案をして、OKいただきました。

しかも、同席していた先方の若い副店長が、『今日はっきり、うちの店の方向性を理解した』とおっしゃっていました。固定客をつくりたい店長さんと、月次の売上高を追う副店長さんで、ご認識が異なっていたようです。これまで気づきませんでした」

みな黙り込んだ。誰かが、ぼそっと言う。「もしかして、うちの問題？」

「担当営業がきちんとクライアントの求める成果をヒアリングして、それを制作に伝えていないから起きたことが多いような気がする……」

「制作もバタバタしているし、俺たちも数字追いかけるので必死だし……」

「そこだな、改善ポイントは」。嶋課長が乗り出した。

「俺たちが営業をするときは、数字を取ろう取ろうとするのではなく、クライアントにとっての成果は何かということを常に意識する。クライアントの求める成果を制作にしっかり伝える。それができなければ、いま聞いたような事態が起きてしまうわけだ。クレームまでいかなくても、黙って離れていったクライアントもいるだろう。対処していこう」

それぞれが、過去のクライアントとのやりとりを省みていた。

「あの……」、これまで黙り込んでいた司会の女性が口を開いた。

「実は、クレームがあったんです。すみません、報告してなくて……。昨日、Sホテルさんに訪問した際、担当の方が商談中に立腹されてしまいまして……」

「おい、そういうのは早く言わないと」、嶋が不機嫌な顔になった。

「すみません」、身を縮めるように話し始めた。

「ドラッカー勉強会で学んだ『成果は外にある』という言葉に感銘して、私なりに、クライアントの成果を探ろうと思って、ヒアリングを強化していたんです。ただ、それがヤブヘビになってしまったというか……。

四月号でSホテル様のブライダルフェアの見開き二ページを受注したので、その後のフェアの来場人数について昨対比をお聞きしたところ、二〇パーセント増とのことでした」

「ほう、いいじゃないか」、嶋が言う。

「ですが、さらに掘り下げてお聞きすると、フェアの来場人数が増えても、成約率は下がっていることが判明したんです。それで担当者さんが『よく見たら、たいしたことねえな。おたくでは本来の広告効果が出ないことがわかったよ』と」

嶋課長も顔をしかめた。

「ご立腹のままにしておくわけにもいかないな……。杉並、同行してやってくれ」

柊介は静かにうなずいて、胸の内で嶋課長に感謝した。営業マンとしての自分を嶋課長が頼る日がくるなんて、ほんの半年前の柊介には想像すらできなかった。

かくして、Sホテルへ同行の日。

「すみません、杉並さん。お付き合いいただいて」

「いえいえ、僕でよければ。一緒に先方の真の成果を聞いてみましょう」

Sホテルは札幌駅から徒歩五分ほどに位置するシティホテルだ。老舗と違い、低価格の宿泊プランなどで観光客利用も多い。道産食材をふんだんに使ったランチバイキングが人気で、柊介も来たことがある。

打ち合わせ場所は、三階のブライダルサロンだった。担当者が出てくるなり、文句を言い始めた。

「おたくの担当さんが、『マチ・フレ』の効果を調べろって言うから、調べましたよ。こっちも暇じゃないんですけどね。今年はフェアの数自体を増やしたので、おたくのおかげと言い切れませんが、新規来場者数は昨対二割アップでした。ただねえ、成約率が下がっているんですよ。単に来場者が増えても、成約につながらなければ、試食コースをただ食いされるだけですからね。おたくの読者層と合わないのかもしれませんね」

昔の柊介だったら、こうしたクレームを聞くだけで、胸を痛めていたかもしれない。しかしいまは、頼るべきドラッカーの思想がある。

柊介はSホテルの成果を考えてみた。Sホテルにとっても、やはり「成果は外にある」はずだ。成約件数だけが、追いかけるべき成果ではないはずだ。

改まって柊介は話し始めた。

「ご所望の結果につながっておらず、大変恐縮です。御社はブライダルフェアにおける成約率を高めたくて、ご出稿くださっているのですね」

「そう言っているじゃないか」

「ありがとうございます。僕たちも力の限りお手伝いさせていただきたいと思います。ひとつ、お教えいただけますか。御社で成約されたカップルにとって、何が決め手だったのでしょうか。『Sホテル様にしてよかった』と思われた理由は何でしょうか」

「それは……」

「よろしければ、一度アンケートを取りませんか？　打ち合わせに来られるカップルや挙式を終えられたカップルに、Sホテル様にしてよかった理由をうかがって、それを原稿に反映させてはいかがでしょうか。

成約件数が増えるのはもちろんですが、最終的には、Sホテル様で結婚されたみなさまの笑顔が増えることが一番ですよね。それをお手伝いさせていただけませんか」

Sホテルの担当者は、意外な展開に一瞬たじろいでいたが、さっきまでの渋面はどこへやら、真剣な表情で身を乗り出し、具体的な打ち合わせが始まった。


「杉並さん、本当にありがとうございました。何だか胸がいっぱいです」

Sホテルからの帰り道。後輩は笑顔で言った。

「アンケートが始まって、ご成約の理由が明らかになる。その結果をクライアント様と共有して、うちの制作にしっかり伝えれば、きっと制作も頑張ってくれて、いい原稿ができると思います。それを見て共感した読者さんが、Sホテルのブライダルフェアに行き、幸せな結婚式をあげられて喜ぶ……。私、こういう仕事がしたかった」

柊介もうなずく。

「自分のしたことが世の中につながるんだ。ニンジンを追いかけるんじゃない。さざなみのような小さな変化でもいい、自分の仕事で社会に変化を起こすんだ」

二人の声がそろう。「成果は外にある！」

この一言を使い続けるほどに、エネルギーに満ちていく感じがした。

真に意味あることを積み上げよう

〈カフェプレミアン〉の成果は、お客さんにいい読書をしてもらうこと……。

その成果のために、行動しているか？

みんなの行動を、成果に集中させるには？

堀川徹は、ドラッカー読書会で得たアドバイスを手帳にメモして、読み返していた。

このところ、ひとつ悩んでいることがある。（コーヒーのドリップを、俺以外に任せるか？）

徹はドラッカーの『経営者の条件』を開いた。


成果をあげるべき者が行っている仕事の膨大な部分は、ほかの人間によっても十分行うことができる。

(p.61)

（マスターが丁寧に淹れたコーヒー、そのことにこだわっていたのは、俺だけかもしれない。俺だってついこの間まで素人だった。訓練して、できるようになったんだ……）

「りょう」、意を決して、カウンターを片付けている田山りょうに声をかけた。

「お前、ハンドドリップしてみたいか？」

りょうの動きが止まった。

「はい！　僕、いつか徹さんからカウンター任されるようになりたいなと思っていたんです。自分一人のときでもカフェプレミアンをまわせるようになったら、一人前かなって」

徹はショックを受けた。りょうを単なるアルバイトだと認識していたことが、恥ずかしくなった。

（ドラッカーは、人材育成も成果のひとつだと言っていたじゃないか……）

かくして、ハンドドリップの特訓が始まった。りょうは乾いたスポンジのように徹の言うことを吸収し、ぐんぐん上達していった。

カフェプレミアンは、「マスターが淹れるコーヒー」を廃棄した。

りょうがコーヒーを淹れるようになって、仕事の流れが大きく変わった。これまでは徹に業務が集中し、りょうは暇を持て余すことすらあった。しかし、徹を束縛していた業務が減ったことで、空いた時間が生まれた。

〈カフェプレミアン〉の成果に向けて、何をすればよいのか。具体策を考えるために二階のオフィスに籠ろうとして、ふと礼美とりょうの顔が思い浮かんだ。

一人で考えるより、三人で考えたほうが、いいアイデアが浮かぶかもしれない。さっそく、翌日の開店前に初めてのミーティングを開くことにした。

「忙しいのに、時間をもらってすまない。これまでは自分一人で頭を抱えていたけれど、二人の知恵を借りたくてね」

「大歓迎」「嬉しいです」、二人ともやる気にあふれている。

「ありがとう。まず、うちの求める成果が、これだ」

〝お客さんにいい読書をしてもらうこと〟

「この成果、どうしたら得られると思う?」

「そもそも、うちが読書できるカフェだって、ご近所のみなさんはご存じかしら」

「えっ?」、礼美の意外な一言に、徹が驚く。

「私、近所の奥さんから、おたくのご主人お洒落なバーを始めたのね、って言われたことがある。お店の外観からだと、コンセプトがわかりづらいんじゃないかな」

「じゃあ、黒板を外に置いて『大きな本棚にたくさん本をご用意しています。どうぞごゆっくり読書をお楽しみください』って書いたらどうでしょう」

りょうのグッドアイデアに、徹がすかさず乗る。「いいね、さっそくやろう！」

「本好きの人って、札幌にはけっこういるんじゃないかしら」と礼美。

「本屋もたくさんあるしな」、徹もうなずく。

「ねえ、本屋さんにチラシ置いてもらったら？　別にうちの本じゃなくても、本屋さんで買った本を持ち込んで、のんびり読んでもいいんでしょ？」

「ああ。本オタクが集まってくれたら、本望だ」

「読んだ本について、お客さん同士が話し合うようになったりして……」

「でもそれじゃ、話し声がうるさくて読書の邪魔にならないか」

「それなら、エリアで分けたらいかがでしょう。二階を静かな読書スペースにして、一階をおしゃべりOKスペースにするとか……」

「おお、この物件が二階建てだってことが、生かされるなあ」

三人のミーティングは、どんどん盛り上がっていった。

「同じ本を読んだ同士で語るのって、本当楽しいですよね」、りょうが言う。「徹さん、太宰治の読書会、やってくださいね」

「太宰なんて、もう時代じゃないだろ？」

「あら、あなた何でも読むじゃない。いまどきの流行作家の読書会もやりつつ、太宰の読書会も混ぜちゃえばいいのよ」

「えっ、そんなにたくさんやるのか。カレンダーをつくらなきゃな……。あ、ホームページも、変更しないといけないな」

りょうが訊ねる。

「ホームページ、僕がやっちゃだめですか？」

「えっ、りょう、ホームページつくれるの？」

「一応、専門学校を出ています。もちろんプロじゃないですが、いいものができるまで頑張りますから」

「でもなあ、そんなに何でもかんでも、申し訳ないよ……」

「やらせてくださいよ。僕がどうして徹さんについてきているか、知っていますか」

りょうの言葉に、徹が首を傾《かし》げた。

「楽しいんです。徹さんみたいになりたいんです。ドリップだって、死ぬ気で練習したらできるようになった。だから、ホームページもできるようになりますよ。徹さんは、徹さんじゃなきゃできないことを、どんどんやってください！」

自分の時間をつくるだけではない。人に仕事を任せるということは、任せた相手が生かされ、輝いていくことでもある――りょうの笑顔から徹は学んだ。


こうして、〈カフェプレミアン〉は、「読書好きのためのカフェ」というコンセプトを前面に出していくことにした。

入口ドアの前には黒板が置かれ、りょうが得意なイラストつきでメッセージを書いた。

札幌市内の書店を何十店とめぐり、読書会カレンダーが入った店のチラシを置いてもらうようお願いして回った。案外、書店員さん本人が興味を示すことも多かった。

近辺の読書サークルや文学教室にチラシを配り歩き、柊介から紹介を受けて、テレビやラジオ、雑誌、新聞などにリリースを送った。

ふらりと入店した客と、本談義で盛り上がることもある。

それでも不安は、常に胸中にあった――マスターが淹れたコーヒーを出す、正統派の喫茶店じゃなくていいのだろうか。本当にこの方向性に集中していいのだろうか。

しかしそのたびに、ドラッカーの言葉が支えになった。

集中とは、「真に意味あることは何か」「最も重要なことは何か」という観点から時間と仕事について自ら意思決定をする勇気のことである。この集中こそ、時間や仕事の従者となることなくそれらの主人となるための唯一の方法である。

(p.152)

集中とは、勇気である。〈カフェプレミアン〉は勇気を出して方向性を絞り込んだ。少しずつ、変化の兆しが見えてきた。読書を目的に、訪れる客が増え始めたのだ。マスコミの取材も、徐々に増えてきた。新聞記事やラジオ番組をきっかけに来店し、読書の喜びに夢中になっていく客も一人や二人ではなかった。

客同士も仲良くなり、読書をテーマにしたコミュニティができつつあった。徹の読書会は大盛況だった。おかげでりょうは、手がしびれるほどカウンターでコーヒーをドリップしなければならなくなった。

徹たちは、常に成果を意識していた。成果を明文化できなかった頃が懐かしいくらいだ。

――お客さんにいい読書をしてもらうこと。

これを意識し続けていると、お客さんから反応も返ってくる。

「こんな面白い店があるなんて」

「ここで本を読んでいると、時間を忘れるわ」

「週一回の〈カフェプレミアン〉が、いい気分転換になっているよ」

「マスター、おすすめの本、もっと教えてください」

徹は、お客さんのこういう言葉たちを着実に増やしていこうと思った。

真に意味あることを積み上げていこうと思った。

正しい意思決定をしよう

北原進一が青柳夏子を会議室に呼んだ。

秋のイベントの打ち合わせだろうと思い、資料一式を手に、息を切らしてドアを開けた。ところが、会議室の空気が思いがけず暗い。夏子の脳裏に、ノース銀行が吸収合併されたときの北原の顔がよみがえった。

「社長、どうかなさいましたか」

北原は視線を落とす。「実は、北星銀行からクレームが来たんだ」

「北星銀行の上層部からだ。俺をかわいがってくれていた人なので、直接言ってくれたんだが、珍しくお怒りだった」

「ひょっとして、つながり作戦でご立腹なのでしょうか」

北原がため息をついた。

「ああ。ポテンシャルを名乗る若い女性たちが、北星銀行の退社時間に出入口で待ち受けて、インタビューを取っているそうだ。エリとカナかな。最近みんな張り切っていただろう。一人でも多くの声を聞こうとしていたんだろうな」

「え。あくまでも友人の範囲、って決めていたのに……」

「仕方ないさ。悪気なんかないんだ」

北原はまったく怒った様子はなく、穏やかに笑う。

「それでな、北星銀行のお偉いさんが言うには、申し訳ないが期待に添えないだろうからプレゼンを辞退したい、したがって聞き込みも中止してほしい、ということなんだ」

夏子は目の前が真っ暗になった。

「プレゼンもさせてくれないのはさすがに困ると言うと、では早急に現時点での方向性を見せてくれ、と。うちの行員へのヒアリングはもうこれくらいにして、プレゼンするなり中止するなりしてくれ、ということだった」

会社を倒産から救おうと、若手と一体になって励んできたつながり作戦だった。しかし、当のプレゼン先から拒まれてしまっては、元も子もない。自分のアイデアが会社に迷惑をかけた申し訳なさで、夏子は消えてしまいたいような気持ちだった。

「で、どうする?」

「申し訳ございません。いかようにでも、社長のご判断に従います」、夏子は頭を下げた。

「じゃ、『社長のご判断』を夏子がやってみるのはどうだ？」

「えっ？」

「もちろん、最終判断は一緒にやろう。みんなとも話そう。だけど、つながり作戦を中止するか、代替案を出すか、まったく方向性を変えるか、ここは意思決定が必要なところだ。自ら起案して今日までみんなを引っ張ってきたのは、夏子、お前だ。お前なりに、このことを意思決定してみたらいい。ただ時間がない。今週中に意見を聞かせてくれ」

夏子が唖然として会議室を出ると、外出しようとしている翔平とぶつかりそうになった。

「どうしたんですか、ねえさん。顔色悪いですよ」

「ああ、ごめん。翔平、外出？」

「実はですね、前に僕が怒らせちゃった北星銀行の女性の方から、連絡がありまして。また怒られるのかな。まあ行ってきます。今度はふざけませんから、安心してください」

快活に出かけていった翔平を見送りながら、夏子はさらに不安になった。あのご立腹だった女性、何の用件だろうか。

ここにきて、つながり作戦がおかしなことになっている。どうしよう……。


その夜、夏子は自宅で思索にふけっていた。

（どうしよう、どうしよう……）

夏子は動揺していた。先方からクレームが来た……会社のために考えたことが会社の迷惑になってしまった……自分を責める気持ちでいっぱいだった。

（だめよ、感情的になっている場合ではないわ。意思決定しなくては……）

ふと、この間の読書会を思い出した。

（たしか、意思決定には手順があるんだった）

夏子は静かに深呼吸をして、濃紺のドラッカーノートを開いた。

成果をあげる意思決定の五つのステップ
①問題の種類を知る
②必要条件を明確にする
③何が正しいかを知る
④行動に変える
⑤フィードバックを行う

「よし。やってみようじゃないの。この五つに従って、考えてみよう」

夏子はノートを開いて、今回のケースを当てはめてみた。

まずは「問題の種類を知る」ことである。


まず初めに、一般的な問題か例外的な問題か、何度も起こることか個別に対処すべき特殊なことかを問わなければならない。

(p.165)


北星銀行からクレームが来たことは、たしかにショックだった。しかし、冷静になって考えてみれば、クレーム自体はどこの会社でも起こりうることだ。

つまり、聞いたことのない大事件、例外的な問題ではなく、よくある一般的な問題なのではないか。

夏子は少し、落ち着きを取り戻してきた。

続けて考えてみよう。静かにページを読み進めた。

「真に例外的な問題を除き、あらゆるケースが基本の理解に基づく解決策を必要とする。原則、方針、基本による解決を必要とする。」

(p.168)

一般的な問題であれば、原則を適用して解決できる。言い換えれば、解決には原則が必要だということである。

ならば、〈ポテンシャル〉に起こる問題は、〈ポテンシャル〉の基本的な原則を適用して意思決定すればよい。

(でも、うちにとっての原則って何だろう)

(そもそもポテンシャルは、どうあるべきだったのか)

そう思ったとき、秋のイベントタイトルが頭に浮かんだ。

「北海道の『働く』のポテンシャルを高めたい」

ずっと社長が掲げてきている、この言葉こそが原則だ——。夏子の思考が、すっと正しい道に戻った。

続く第二の手順は「必要条件を明確にする」である。夏子はページをめくった。

必要条件は、「この問題を解決するために最低限必要なことは何か」を考え抜くことによって明らかとなる。
(p.175)

この問題、つまり北星銀行からのクレームを解決するために最低限必要なことを、原則に基づいて考えればいい。

夏子はしばらくの間、腕を組んで考えた。「あっ、そうか！」

（北星銀行がうちの研修を受注してくれること、それは必要条件ではないわ）

（必要なのは、北星銀行の社員が輝いて働くことだ。だからイベントを開くんだった！）

夏子は過日、北原社長と三木よう子の前で啖呵《たんか》をきった自分の言葉を思い出した。

――私たちポテンシャルは「研修を売る」のではなく、「働く」の可能性を高めるためにあるべきだと思うんです。

そう考えると、つながり作戦は中止すべき、という考えが浮かんできた。

（その代わり、秋のイベントのチケットを低単価で北星銀行に販売し、たくさんの行員さんに刺激を受けて輝いてもらう、というのはどうだろう……）

研修ではなくイベント参加という形式ならば、いろいろな企業の従業員同士が一堂に会して、いつもと違う刺激を受けることができるはずだ。

続いて第三の手順、「何が正しいかを知る」に進んだ。

> **決定においては何が正しいかを考えなければならない。やがては妥協が必要になるからこそ、誰が正しいか、何が受け入れられやすいかという観点からスタートしてはならない。**
> (p.180)

この文章を読んだとき、翔平やエリやカナの顔が思い浮かんだ。

(もしもつながり作戦を中止したら、みんながっかりするだろうな)

だがドラッカーは、「何が受け入れられやすいか」ではないと言う。これまでの労力が水泡に帰《き》すのは、たしかにみんなを落胆させるかもしれない。しかし考えるべきは、「受け入れてくれそうな案」ではないのだ。「何が正しいか」なのだ。

(みんなの顔色で意思決定しちゃだめなんだ……。だから中止は怖くない。だって原則に

従っているもの。この意見で、いいはずだわ）

霧の中にいるようだった頭の中が、どんどん晴れていくような気がした。

第四の手順は、「行動に変える」である。

決定を行動に移すには、「誰がこの意思決定を知らなければならないか」「いかなる行動が必要か」「誰が行動をとるか」「その行動はいかなるものであるべきか」を問う必要がある。

(p.182)

勢いづいて、夏子は白い紙に具体的行動を書き出していった。

「この意思決定を社員みんなに伝達する」

「秋のイベントの詳細を詰める。チケットの値段を明らかにする」

「新たな企画書を作成し、北原社長に同行してもらって北星銀行にプレゼンに行く」

「他のクライアントにも広くリリースする」……

すべての行動は、原則に基づいていなければならない。相手の成果に向かってプレゼンしなければならない。自社の社会における役割を果たしていなければならない。どんどんアイデアが湧いてきて、思いのたけを書き尽くした。

いよいよ第五の手順、「フィードバックを行う」である。

> **決定を行うのは人である。人は間違いを犯す。最善を尽くしたとしても必ずしも最高の決定を行えるわけではない、最善の決定といえども間違っている可能性はある。そのうえ大きな成果をあげた決定もやがては陳腐化する。**
>
> (p.185-186)

たしかに、やってみてどうだったかを検証できるようにしておかなければならない。検証できれば、次の行動に向かってブラッシュアップできる。

(継続できるイベントに育てていくことが大切だわ)

そのために検証すべきは、原則に照らし合わせて、参加者の「働く意識」が高まったかどうかを確認することである。

その週の会議で、夏子は意思決定の五つの手順に従って考えた内容をみんなに伝えることにした。きっと賛同を得られるだろうという思いで、丁寧に説明した。

するか、翔平が即座に言った。「ねえさん、僕は反対です」

夏子は驚いた。あんなに緻密に考えたのに、どうしてわかってくれないんだろう。これまでの労力を考えれば、中止したくない気持ちはわかるけれど……。

翔平を否定したい気持ちに駆られた夏子の脳裏に、ドラッカーの一節が思い浮かんだ。

エグゼクティブが直面する問題は、満場一致で決められるようなものではない。相反する意見の衝突、異なる視点との対話、異なる判断の間の選択があって初めて、よく行いうる。したがって、決定において最も重要なことは、意見の不一致が存在しないときには決定を行うべきではないということである。

(p.198)

(そうだ、意思決定には「意見の不一致」が必要だった。翔平は反対意見を言おうとしている、まずは反対意見を聞こう)

夏子は感情を抑えて言った。「じゃあ、翔平の意見を教えて」

翔平は、改めて姿勢を正し、みんなに紙を配り始めた。

「僕は今日、その話がなくても、みんなに伝えたいことがあったんです。うまく伝えられるかどうか自信がないので、紙にまとめてきました」

北星銀行　Mさんの取材結果について

・一度、取材を断られたMさんより連絡あり、指定の喫茶店にて取材。
・取材を断った理由は取材者の軽薄な態度にあったが、本当は「伝えたいこと」があったようだ。
・一度断ったものの、「伝えたいこと」をやはり伝えなければと思い連絡した。
・「伝えたいこと」とは、現行の研修に対する行内の不満。ベテランは若手の意欲をわかってくれない、若手の意欲が消沈していくのを見ていられない、この現状を外部の目線ですくい取って上層部にぜひプレゼンしてほしい、ということだった。

「このMさんですが、みなさんもご存じの通り、僕の冗談連発のコミュニケーションが嫌われて、インタビューを断られました。にもかかわらず、先方からご連絡いただいたので、僕たちの活動全体に対してご立腹なのかと思い、謝るつもりで行きました。

Mさんは最初、緊張されていましたが、でも、はっきりとおっしゃいました。ベテランは若手の意欲をわかってくれない、若手はそれに失望し、意欲が消沈してしまう。この若手の気持ちを、今回のポテンシャルさんのヒアリングで明らかにして、上層部にプレゼンしてくれたら私たちも嬉しいんだ、という話だったんです」

会議室が驚きに包まれた。

「驚くのはこのあとなんです。Mさん、こう言ったんです。ポテンシャルさんは、北海道の『働く』のポテンシャルを高めたいんでしょ、って」

「えっ!」、夏子が立ち上がりそうなほど驚いて声を出した。

「あの、伏せておいたほうがいいかと思いましたが、やっぱり共有すべき情報だと思うので言いますね。Mさんの名字は、『三木さん』なんです。三木よう子先生の義理の妹さんだったんです。

彼女がよう子先生と会ったときにポテンシャルの取材を断った話をしたら、えらい剣幕で怒られたそうです。あなたたちがもっといきいきと輝いて働くことを考えている会社なのよ、北海道の『働く』のポテンシャルを高めたい、っていう会社なのよ、って」

思わぬ三木の言葉に、みな言葉を発せられずにいた。

原則はこうして仲間をつなぎ、人の思いを熱くする。北原は、黙って目頭を押さえた。

夏子は言った。

「オッケー。最高のヒントが来たわね！　さあ、どうする？　ポテンシャルがなすべきことは何？　さあ、成果をあげる意思決定をみんなでするわよ！」

「ねえさんの意見と違う展開だけど、いいんですか？」

「うん、ゴールは変わらないもの。むしろ反対意見が出たことで、より深まったわ」

いまとなっては、翔平の反対意見に夏子は心から感謝していた。たしかにドラッカーが言う通り、反対意見によって、意思決定がよりよいものになる。


意見の不一致はもっともらしい決定を正しい決定に変え、正しい決定を優れた決定に変える。

(p.203)

北原がみんなを見回して言った。

「さあ、どうする？　みんなの意見を言ってみてくれ」

メンバーたちが我先にと話し始めた。

「どっちにしても、ここまでやってきたつながり作戦の内容をいったんまとめましょう」

「せっかくやったんだから、やっぱりプレゼンさせてもらいましょうよ」

「もし受注できなくても、上層部に若手の声が伝わるだけでも意味あるかも」

「三木先生の義理の妹さんの想いに応えたいです！」

「秋のイベントにもいい形でつながるかもしれないし」

一人ひとりが本音で、本気で、意見を出していた。

北原が言った。

「ようし、わかった。プレゼンしよう！　働くのって、最高に素晴らしいことだって、北星銀行にプレゼンしようぜ」

泥船は甦《よみがえ》った。船は動き出した。そして風も吹いてきた。

みんなの顔が輝いていた。

「成果をあげる能力を修得せよ」

早くも季節は初夏の兆しである。いよいよドラッカー読書会も最終回となった。

今日の参加者は、青柳夏子、杉並柊介、堀川徹の三名だ。画家の峰森重三は、前回の宣言通り欠席だった。

そして、星はるかも突然欠席することになった。

「えっ、はるかちゃん欠席なんですか」、夏子が残念そうに言うと、「あとで理由を話しますね」、東堂はなぜかニヤリと笑った。

「さあ、いよいよ最終回です。終章『成果をあげる能力を修得せよ』をやりましょう。この章の原文は、“Effectiveness《エフェクティブネス》 ***Must***《マスト》 Be《ビー》 Learned《ラーンド》”（成果をあげる能力は修得されなければならない）。第1章と対となっているタイトルでしたね。ＣａｎからＭｕｓｔへ——これだけでも何を書こうとしているかが伝わってきそうです。まず冒頭を引用しましょう」

本書は二つの前提に立っていた。
(1)エグゼクティブの仕事は成果をあげることである
(2)成果をあげる能力は修得できる

(p.218)

「まず(1)です。ドラッカーは、『エグゼクティブは成果をあげることに対して報酬を受ける』と言います。つまり、仕事とは目の前の作業をこなすことではなく、『成果をあげること』なのです。

そして(2)です。『成果をあげること』が仕事だということは、どんな人でも成果をあげられるようにならなければなりません。そのために必要なのが、この本で学んだ『成果をあげる能力』です。重要なのは『成果をあげる能力は修得できる』、つまり誰でも、修得できるということです」

堀川徹が先陣を切って発表を始めた。「私は、ここに注目しました」

本書は教科書ではない。その理由の一つは、成果をあげることは学ぶことはできるが教わることはできないからである。つまるところ成果をあげることは教科ではなく修練である。

(p.218)

「最初こそ、時間の記録なんてやっていられないと思っていましたが、書いてある通りに実践していくうちに、身についてきた気がします。まさに修練、です。まるでうちの事情を知っているみたいに正しく導いてくれて、何とか最近、軌道に乗ってきました」

カフェプレミアンは最近、メディアやSNSで話題になりつつあった。東堂がにこやかにうなずいた。

「そうです。成果をあげる能力は修得できるのです。しかし、修得に至るまでには修練が必要です。九九のごとく、繰り返すことで身についていきます」

三人がそれぞれに自分を振り返っていた。最初に比べ、ドラッカーの言う五つの能力をたしかに修得しつつある。そんな手ごたえを感じていた。

「杉並さんはいかがですか」。杉並柊介が本を読み上げた。

エグゼクティブの成果をあげる能力によってのみ、現代社会は二つのニーズ、すなわち個人からの貢献を得るという組織のニーズと、自らの目的の達成のための道具として組織を使うという個人のニーズを調和させることができる。したがってまさにエグゼクティブは成果をあげる能力を修得しなければならない。(p.227)

「要するに、僕たちは成果をあげることで、組織を通じて社会とつながるんですよね。組織もそれを欲している。個人の目標を掲げて突っ走っても、それが社会とつながっていなければ、ニンジンに向かっているだけになってしまう。それは結局、個人の自己実現になりえません。

ドラッカーは『経営者の条件』でセルフマネジメントを説いていながら、個人と組織、そして社会との関わりを抜きにできないことを、最後に強調しているように感じました」

柊介が同僚の退職にショックを受けていたことは、東堂もそれとなく察知していた。しかしその出来事を、柊介は確実に学びに変えていた。

「杉並さん、ありがとうございます。知識労働者が要求するのは経済的報酬だけでない。『機会、達成、自己実現、価値』を必要とする――そのような一文が、同じ二二七ページにあります。自らを『成果をあげる者』にすることで、杉並さんの言うように、社会につながり、自分が生かされて、いきいきと働くことが実現できるのでしょうね」

誰もが、その言葉を噛みしめていた。

人が世の中によい成果をつくり出し、いきいきと働くことができる社会を、ドラッカーは未来に見ていたのだろうか、それとも現代に切望していたのだろうか。

最後に発表したのが青柳夏子だ。

「私はやっぱりここです。前回、東堂先生もおっしゃっていたところです」

> **だが成果をあげるエグゼクティブになること自体は特別に賞賛されるべきことではない。**
>
> **確かに人生には、成果をあげるエグゼクティブになることよりも高い目標がある。**
>
> (p.222)

「私、前回の読書会で峰森さんがおっしゃったことが、ずっと胸に刺さったままでした」

——人生とは、成果をあげることなのかね。

他のメンバーも深くうなずいた。

「ドラッカーは、成果をあげる能力は修得しなければならない、修得せよ、と言っています。でも、だからこそ、峰森さんの言葉を噛みしめなければならないと思うんです。

ここにも『確かに人生には、成果をあげるエグゼクティブになることよりも高い目標がある』と書いてあります。この『高い目標』とは何かを考えることが、峰森さんの言ってくれたことであり、ドラッカーもそういうことを理解したうえで、この『経営者の条件』を読んでくれと言っているような気がするんです」

徹が口を開いた。

「峰森さんの言葉、ずっと突き刺さっていました。ただ、店がうまくいかないと、家族も幸せにできない。やりたいこともできない。だから、成果をあげる能力は必要だと思う」

柊介も深くうなずいた。

「僕もです。人生イコール成果をあげることだとは思わないけれど、数字を追いかけるのに疲れて辞めていった同僚のことを思うと、自分が世の中に生かされているという喜びが、生きる原動力になるのは間違いないと思います」

夏子がとつとつと語る。

「人生とは成果をあげることじゃないかもしれないけど、ドラッカーは現代の知識労働者たちに『成果をあげる能力を修得せよ』と言っている。つまり、この本の根底にはとても力強い思いがあって、峰森さんのような強烈な問いを抱えて読むことで、この本を深く理解できるのだと思いました。表面だけを見て、時間を記録したら余暇が増えた、みたいな浅い解釈に陥らないように、気をつけなければなりませんね」

本物だからこそ、浅く解釈するなよ。勉強のように読むなよ。しっかりドラッカーの言葉を受けて、世の中に役立てて生きていけよ。峰森の声が聞こえてくるようだった。

パタン、と東堂が赤い表紙の『経営者の条件』を閉じた。

「以上で、ドラッカー読書会を終了します。お疲れさまでした。みなさんがそんなにも真摯にドラッカーを読み、苦心して実践し、能力の修得に励んだこと、本当に素晴らしいと思います。本当に……ドラッカーを読むと……」

いつも流暢でさわやかな弁舌をふるう東堂が、言葉に詰まっていた。

「ドラッカーを読むと、その人の仕事の成果が出るようになるのはもちろんのこと、その人の人生までが輝き始めると、私は思っているんです。それが、ドラッカーのセルフマネジメントのすごさではないでしょうか」

みな、すぐには立ち上がれなかった。名残惜しそうに教室を見回す。

この秋から、また新しいドラッカー読書会が始まるのだという。東堂はまた、人を輝かせるセルフマネジメントの深さを伝えるべく、『経営者の条件』を新たな仲間と読んでいくのだろう。そこにまた新たな灯が生まれるのだろう。

夏子がふと訊いた。

「はるかちゃん、どうして今日来なかったんですか?」

「急展開がありまして」。東堂は、青空の写真のポストカードを取り出した。

東堂先生、オーディションは三次まで合格しました
来週いよいよ最終面接。キンチョーで眠れない日々!
しかし、自らをマネジメントすることは常に可能である!

星はるか

わっと歓声が上がる。

「はるかちゃん、本当にアイドルになっちゃうかもしれないな！」

「最後の一行、まえがきにあった文章だわ」

「一番実践しているかもしれないね」

いま、それぞれの人生に、ドラッカーの学びが輝いていた。

ドラッカーが書いたものには何かが宿っている、と誰かが言った。

少なくともここにいる読書会メンバーは、それに魅了されていた。

はるかの報告が嬉しくて、お互いの成果が嬉しくて、子どものように笑い合っていた。

夏子はあらためて、手元の赤い本に視線を落とした。

（まだまだやるべきことはたくさんあるけれど、もう大丈夫。私には立ち返るべき場所がある）

そんな様子に、東堂は感極まっていた。内側から込み上げてきたのは、言葉にならない熱いもの――本人さえも予期していない、次から次へと頬を流れ落ちる涙だった。

「みなさんは、僕の……」

その涙の向こうに、笑い合うドラッカー仲間がいた。

「僕の成果です……」

それは、まばゆいほどに光り輝く、この読書会の「成果」そのものだった。

あとがき

岩崎夏海さんが二〇〇九年に出版された『もし高校野球の女子マネージャーがドラッカーの「マネジメント」を読んだら』の存在がなかったら、この小説が生まれることはなかったと思います。

考えてみると世の中には、『もしドラ』のように、「すでにある素晴らしいもの」がたくさんあって、受け手側に「問い」さえあれば、なすべきことのヒントに満ちているのだと思います。

私にはその「問い」がありました。

「ドラッカーの『経営者の条件』をたくさんの人が読んで実践すれば、ますます素敵な世の中になるはず……。だけど、どんな方法があるだろう」

「私自身、『経営者の条件』を読んで、仕事の仕方や考え方が大きく変わった。だから、周りの人におすすめしたいけれど、『難しそう』と言われてしまう。どうしたらいいかなあ」こんな気持ちがあって、「そうだ、小説を書いてみよう」と思い至ったのです。

私とドラッカーの出会いは、二〇〇六年にさかのぼります。きっかけは、「実践するドラッカーシリーズ」の編著者である佐藤等先生が札幌を中心に主宰する「ナレッジプラザ」という学びの会でした。数多くの講演や読書会に参加し、ドラッカーに親しむこととなったのです。

私の本業は、カラーの講師です。似合う色や気になる色などを知り、人生に役立てていただくために各種講座を実施しています。ＯＬから転職して始めたのですが、本書の夏子のように指示待ち癖が抜けず、柊介のように営業が苦手で、徹のように大忙しですべてを大至急こなそうとしていました。当然、成果はあがらず、ただただ忙しいだけの日々――。そんなときに出会ったのがドラッカーだったのです。

佐藤先生やその周りの方々が『経営者の条件』を読んで実践し、成果をあげているのを目の当たりにし、ある日思い立って、私も購入しました。以来、今日まで何十回（ひょっとすると百回を越えているかも……）読んだことでしょう。すぐにボロボロになってしまうので何冊も買い直しています。

最初は読むのが難しくて、何度も断念しそうになりました。ですが、周りの方々が生き生きと実践されているのを見て、「ああなりたい。やっぱりやってみよう」と思い直し、何とか実践を積み重ねてきました。

私の強み（書くことが好きだからメルマガを創刊した）を生かし、劣後順位を明らかにし、廃棄する（固定の場所で教室経営することを廃棄し、どこでも講座を開くようにした）。『経営者の条件』で学んだことを実践に移すにつれて、どんどん自分らしく仕事ができるようになっていきました。気づけば札幌を中心に活動していたカラーの仕事が全国規模になり、カラーに関する本を二冊も出版することができました。

佐藤等先生は、本書のモデルとなった「ドラッカー読書会」を札幌中心に精力的に実施されています。参加者がみるみる仕事で成果をあげられるようになり、また仕事のみならず人物としても生き生きと楽しそうになるという、素晴らしい変化を遂げていきます。この数々の変化を目撃した感動が、本書を書く直接の動機になりました。

その変化を見た人たちが我も我もと参加し、札幌だけでなく北海道の各地で、そして東京でも行われるようになりました。そのうち佐藤先生お一人では手が回らないようにまでなり、「ドラッカー読書会ファシリテーター」を養成することとなったのです。

いまでは、全国で熱い想いを持つファシリテーターたちによる読書会が実施されるようになっています。読書会というのは、実に面白い手法です。この手法のもつ可能性も、今回の小説で伝わっていたら嬉しいです。

ドラッカーの勉強という点では、まだまだヒヨッコだった私も、このダイナミックな現象に感動し、ぜひお手伝いをさせていただきたいと思うようになりました。そして、ファシリテーター養成講座で改めてドラッカーを学び、本業のカラーの講座で出会った生徒さんを中心にドラッカー読書会を実施し始めました。現在では、全国で読書会を開かせていただいています。

読書会を主宰していて面白いのは、参加者の皆さんの変化です。私が女性だからなのか、私がファシリテーターを務める読書会には、女性参加者が多いです。主婦の方がＰＴＡ活動に「成果をあげる五つの能力」を使っていたり、コンビニでアルバイトをしている方が「貢献」の視点を得て仕事に楽しみとやりがいを見出したり、アパレル店舗で働いている女性が時間を記録し、自らの活動を見直して売上記録を伸ばしたりと、その実践はさまざまです。

仕事の場だけでなく、プライベートを充実させた方々もいます。大学生の娘さんの送り迎えを廃棄し、まとまった時間で趣味を始めた方もいれば、強みを生かしてダイエットを成功させた方もいます。今後もいろいろな実践例が出てくるものと思います。

読書会で使用しているのは、今回、夏子と柊介と徹が読んで実践した『経営者の条件』です。この本は「セルフマネジメント」について書かれているので、数あるドラッカー教授の著書の中でも、どんな立場の方でも当てはまる内容となっています。もし、この小説がきっかけとなって、読者の皆さんが『経営者の条件』と出会い、人生を輝かせる機会となれば最高に幸せです。

ドラッカーの本を読むと、わくわくします。自分の中の、奥深いところがときめくのです。その大きな原因の一つは、日本語訳をされている上田惇生先生の高潔な文体に宿る何かなのではないかと思っています。上田先生の訳でドラッカーを読める私たちは、ドラッカーとの出会いを、より鮮烈に味わえる幸福にあずかれるのです。私は上田先生訳を通じてドラッカー本を読むときの、うっとりする境地が大好きです。

本書の執筆にあたり、ダイヤモンド社の皆さんには優しく温かく助けていただきました。中嶋秀喜さん、市川有人さん、前澤ひろみさん、ありがとうございました。打ち合わせの場やメールのやりとりでいただく真摯なお気持ちのおかげで、思いきり執筆できました。

周りにいてくださる大切な皆さん、全国のメルマガ読者の皆さん、生徒の皆さん、読書会参加者の皆さんの存在は、私の仕事の原動力そのものです。この場を借りて改めてお礼を申し上げます。

そして本書を通じてこれから出会うすべての皆さん、ともに最高に楽しく自らをマネジメントしていきましょう！　この本との出会いが、皆さんの人生を輝かせる、ほんのささいな一助となれたらと願っております。

——自らをマネジメントすることは常に可能である！

吉田　麻子

二〇一六年一一月

［著者］
吉田 麻子（よしだ・あさこ）
カラーディア代表。ドラッカー研究者 佐藤等氏、ブレイントレーニングの第一人者 西田文郎氏を師と仰ぎ、ドラッカーとブレイントレーニングを色彩学に融合させる。
ドラッカー読書会ファシリテーター。

【ドラッカー日本公式サイト】
http://drucker.diamond.co.jp/

小説でわかる名著『経営者の条件』
人生を変えるドラッカー
――自分をマネジメントする究極の方法

2016年12月1日　第1刷発行

著　者――吉田麻子
発行所――ダイヤモンド社
〒150-8409　東京都渋谷区神宮前6-12-17
http://www.diamond.co.jp/
電話／03･5778･7232（編集）　03･5778･7240（販売）
装丁イラスト――安谷隆志（YDroom）
本文イラスト――西川恵子
装丁――――西垂水敦・坂川朱音（krran）
製作進行――ダイヤモンド・グラフィック社
印刷――――勇進印刷（本文）・共栄メディア（カバー）
製本――――本間製本
編集担当――前澤ひろみ

©2016 Asako Yoshida
ISBN 978-4-478-10070-7
落丁・乱丁本はお手数ですが小社営業局宛にお送りください。送料小社負担にてお取替えいたします。但し、古書店で購入されたものについてはお取替えできません。
無断転載・複製を禁ず
Printed in Japan

◆ダイヤモンド社の本◆

ドラッカーを読んで甲子園を目指す青春小説

『もしドラ』『もしイノ』

好評発売中

岩崎夏海［著］、四六判並製、本体1600円＋税

もし高校野球の女子マネージャーがドラッカーの『マネジメント』を読んだら

漢画化、アニメ化、映画化…
社会現象となった
280万部の大ベストセラー

もし高校野球の女子マネージャーがドラッカーの『イノベーションと企業家精神』を読んだら

大ベストセラー第２弾
「全員に居場所のある」世界とは？

ドラッカー日本公式サイト http://drucker.diamond.co.jp/

◆ダイヤモンド社の本◆

ドラッカー教授の教えの極意がわかる

実践するドラッカー

シリーズ好評発売中

上田惇生［監修］、佐藤等［編著］、四六判並製、本体1500円＋税

【思考編】
成果をあげる
考え方

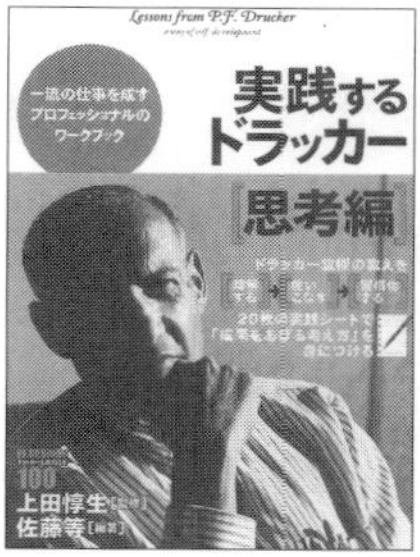

【行動編】
時間管理、
実行のポイント

【チーム編】
メンバーを
育て・動かす

【事業編】
チャンスを
ビジネスに変える

【利益とは何か】
消耗せずに
利益を出す

ドラッカー日本公式サイト http://drucker.diamond.co.jp/

◆ダイヤモンド社の本◆

夏子、柊介、徹が読書会で参考にしたのはこの本です。

青柳夏子、杉並柊介、堀川徹たちが「ドラッカー読書会」で読んでいた『経営者の条件』がこの本です。経営者でもヒラ社員でも高校生でも、立場がどうあれ、「成果をあげたい人」ならば誰にでも役に立ちます。きっと本書を読んだあとなら、より簡単に理解でき、実践しやすいはず！　併せてご覧ください。

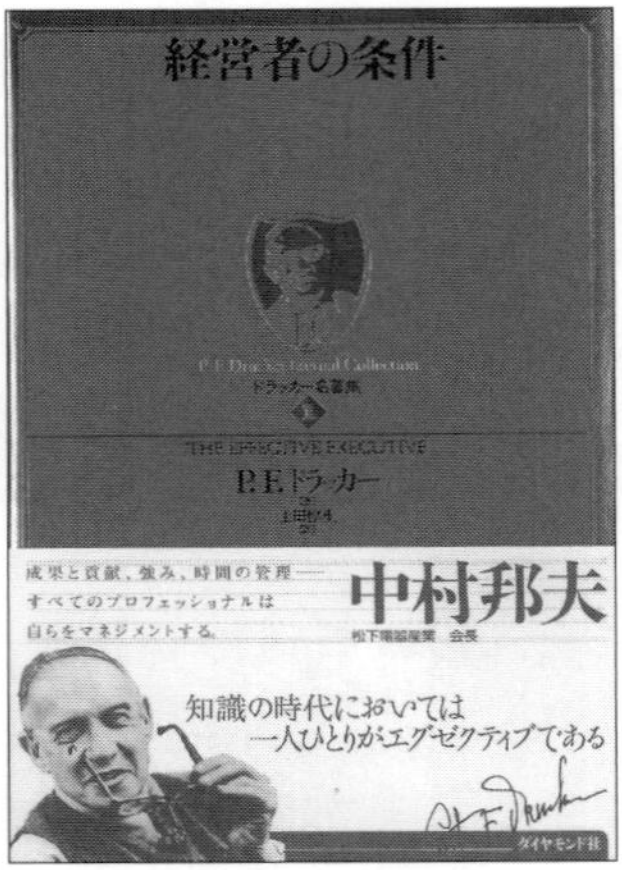

経営者の条件

P.F. ドラッカー［著］
上田惇生［訳］

●四六判上製●定価（本体 1800 円＋税）

ドラッカー日本公式サイト http://drucker.diamond.co.jp/